草間雅子の美的収納メソッド

Biteki Syunou Method

住まいも女性も美しく変化させる！

はじめに

「収納とは、思いやりです」。

これは、私がいつも申し上げている言葉です。今までみなさまは「収納」というと、スペースにものを詰め込んだり、使わないものを捨てたり、ものの数を減らしたりすることだと思われていらっしゃるのではないでしょうか？　もちろん、しまったり、捨てたりすれば、空間は一時的にきれいになります。しかし、それでは不便だったり、すぐに散らかってしまったりします。

それはなぜでしょうか？

闇雲に片付けていることに夢中になり、「家族や自分が使いやすいように」と思いやる気持ちが希薄になりがちだからです。思いやりを持って使いやすく、片付けやすいようにしまえば、一度片付けたものが再び散らかることは少なくなります。また、家族に対する思いやりだけでなく、ものに対する思いやりも必要です。愛しいものを選びとり、手をかけて大切にすることで、自分の大好きなものだけに囲まれた生活を送ることができるのです。

収納とは、「自分や家族が暮らすうえで一番楽なシステムと、自分らしい美空間を作ること」だと私は考えています。収納が楽になれば、その分時間に余裕が生まれます。その時間に、どんなものに囲まれて、どんな生活をしたいか。収納の先には、そんな「自分らしさのある暮らし」が待っているのです。

美的収納のメリットはそれだけではありません。美空間にいると、自分の審美眼が磨かれ、より美しくしようと細かいところにも目が行き届くようになります。部屋がどんどん美しくなることはもちろんですが、お客様を見ていると、ご本人も美しく変化されていかれます。

私は、美的収納プランナーとして、直接お客様のご自宅で作業をしたり、カルチャーセンターでの講義、講演会などを通して、収納のお話をしたりしています。お客様の多くは、この収納術を行うと、「目からうろこが落ちた」「収納のイメージが変わった」などとおっしゃってくださいます。

美的収納とは、もののしまい方をお伝えする収納術ではありません。自分を見つめて、自分らしさを発見していただいて、そして、ご自宅を自分らしさの詰まった場所にしていただくためのお手伝いとなる収納術です。

本書は7年前に発行されましたが、基本的な想い、考え方は当時も今も変わりません。さらに、メソッドはよりやりやすく、効率よく、そしてモチベーションが続きやすいように、進化したり、新たなものが加わったりしています。

この本に書かれているのは、美的収納のための「方程式」です。ご自身に当てはめていただき、「自分だったらどうすればいいのだろう」とたくさん考えていただけたらと願います。それだけでも、必ず暮らしに変化が起こるはずです。

CONTENTS

STEP 01 分類する

STEP 02 厳選する

STEP 03 仮置き

STEP 04 器を選ぶ

STEP 05 収める

デザイン　BLUE DESIGN COMPANY
イラスト　橘春香

STEP 00

私の収納哲学

STEP 00

私の収納哲学

3つの法則と5つのステップで美しい収納ができます

美的収納は、我が家を「世界で一番居心地のよい場所」にするための収納術です。

今まで数多くの本で紹介されてきた収納術は、いらないものを捨て、そこにできたスペースにものを工夫してしまう――むしろ押し込むといっても過言ではありませんが――ということがメインテーマとなっていました。そういった収納術を試された方もいらっしゃるでしょう。ただ、私が今まで出会ったお客様は、そうした収納術を行っても、なぜかまた散らかってしまう、とおっしゃるのです。

そう、そうした表面的なやり方で、一時的にものを片付けられても、すぐにリバウンドしてしまうのです。

美的収納では、そうした、収納に関する考え方を根本的に見直し、正しい収納術を実現するためのお手伝いをしていきます。具体的には、3つの法則、5つのステップに従えば、無理にものを減らしたり、捨てたり、しまい込んだりしなくても、どなたでも叶えることができます。

私がいつも第一にお客様に申し上げているのは、「ポジティブなゴールイメージを持つ」ということ。ゴールイメージとは、「こん

なものを飾りたい。置きたい」「この部屋でこんなふうに過ごしたい」という気持ちです。つまり収納の目的を、「片付ける」のではなく、最初に申し上げたように「我が家を世界で一番居心地のよい場所にする」こととして考えるように促します。それを「私だったら、どうなったら家が世界で一番居心地のよい場所になるのかしら？」と具体的に考えていただきます。それが法則1です。

2つめの法則は「散らかる理由を分析する」ということ。散らかりはストレスが生じます。あなたは住まいのどんなところにストレスを感じていますか？　そこにこそ、美的収納のヒントが隠されています。ストレスは願望の裏返し。それを見つければ、どんな住まいにしたいかもクリアになってきます。

ご自身の目標、住まいのストレスの原因が見つかったら、実際に作業に入ります。ただ、作業も順番を間違えると失敗の原因となります。法則3は、「片付けをする順序を間違えない」、ということなのです。

この章では、実際に片付けに入る前に、美的収納とはどういうものかをご理解いただければと存じます。

ポジティブなゴールイメージを持ってください

収納は幸せな暮らしを送るための手段

みなさまの収納の目的は何でしょうか。たいていの方は、「散らかっているから片付ける」ということが目標になっています。美的収納では、それは根本的に違うということをまずは頭においてください。

私はいつもお客様に「ポジティブなゴールイメージを持ってください」とお伝えしています。

ポジティブなゴールイメージとは、簡単にいえば「どんな暮らしをしたら幸せなのか」ということです。「こんなものを飾りたい」「こんなテイストの家具を置きたい」など、ものやテイスト、気持ちを膨らませると、より具体的になります。

例えば、お子様のいらっしゃる方でしたら、「子供と毎晩コミュニケーションを取れる家庭にしたい」ですとか、一人暮らしの方でしたら、「映画が好きなので、毎晩ゆったりした気持ちで映画を観たい」などといった理想があるのではないでしょうか。では、そのための時間をどうやって生み出すのか、考えてみてください。それには、日常の雑事を簡潔に済ませることなのです。そのシステム作りが収納です。

ゴールイメージを持つことで片付けのモチベーションが高まります

片付けることが目標になっていると、収納は、ただ黙々と捨て、詰め込むという、無味乾燥で苦痛な時間となってしまいます。

しかし、どんな小さなことでもゴールイメージを描けると、片付けるモチベーションが高まります。収納の先にある、楽しい時間、愛しく美しい住まいが待っているからです。気持ちだけではなく、実作業も今までと変わってくるでしょう。

まずは漠然とでかまいません。どんな生活がしたいのか、ゴールイメージを持ってみましょう。そして、それを書き出してみましょう。

あなたのゴールイメージは何ですか？

ゴールイメージを考えるヒント

- 時間があったら何をしたいですか？
- お気に入りのインテリア雑誌はありますか？
- 休日はどのように過ごしていますか？
- 趣味は何ですか？
- この家具やこのインテリアは残したいというものはありますか？
- 今は使っていないけれど、使ってみたい食器がありますか？
- 大切なものは何ですか？

ゴールイメージは１つではありません。例えば、「このソファーを生かしたインテリアにしたい」というのも１つのゴールイメージですし、「この食器が日常的に使えるような食卓にしたい」というのもそうです。「もの」「気持ち」「テイスト」の視点で考えるとわかりやすくなります。ゴールイメージがどうしても浮かばないようであれば、自分の愛しいもの、見ていて幸せな気持ちになるものを写真にとって並べてみましょう。今後どういうふうにしたいのか、傾向が見えてきます。

お客様に使用しているヒアリングシートです。
下の例にしたがってご家族とお住まいについて左ページに記入してみてください。

ヒアリングシート

フリガナ お名前	美的　花子　様	ご年齢	32 歳
		TEL	0122-XXX-XXXX
メールアドレス	biteki-syuno@xxx.xxx	FAX	0122-XXX-XXXX
ご住所	〒 266-0021 神奈川県横浜市青葉区 XXXXXXXX		

家族構成	性	名	年齢	続柄	職業
	美的	太郎	35	夫	会社員
		花子	32	本人	主婦
		一郎	6	長男	幼稚園
		次郎	3	次男	

建物	☐ 戸建（築　　年）☑ 分譲マンション（築 8 年）☐ 賃貸（築　　年）
床面積	1 階（ 90 m2） 2 階（　　m2） その他（　　m2）
ご予算	50 万円
ご希望日	12 月 17 日
間取り	☐ ワンルーム ☐ 2DK ☐ 2LDK ☐ 3DK ☐ 3LDK ☑ 4LDK ☐ その他（　　）
収納でお悩みの場所	☑ 家全体 ☐ リビング ☐ ダイニング ☐ 寝室 ☐ 和室 ☐ 子供部屋 ☐ 玄関
お仕事	☐ 会社員 ☐ 自営業 ☑ 専業主婦 ☐ その他（　　）
性格タイプ	☐ 何でも捨てる ☑ 捨てるのが苦手 ☑ ちらかっていると気になる ☐ ちらかっていても気にならない ☑ 物を持っていないと不安 ☐ 几帳面 ☐ 神経質 ☑ 衝動買いをする ☑ 優柔不断 ☐ せっかち
ライフスタイル 生活パターン	起床時間：6 時 00 分 就寝時間：11 時 00 分 1 日で自由になる時間：1 時間 （もし時間範囲が決まっておりましたら、ご記入ください。 10 時 00 分〜 11 時 00 分） 週間予定（お仕事・お子様の習い事など）： 月曜日……長男の体操教室（15 時〜 16 時） 水曜日……二男の体操教室（10 時〜 11 時） 金曜日……長男・次男のスクール（15 時〜 16 時）

<table>
<tr><td>フリガナ
お名前</td><td colspan="3">様</td><td>ご年齢</td><td>歳</td></tr>
<tr><td></td><td colspan="3"></td><td>TEL</td><td></td></tr>
<tr><td>メールアドレス</td><td colspan="3"></td><td>FAX</td><td></td></tr>
<tr><td>ご住所</td><td colspan="5">〒　　－</td></tr>
<tr><td>家族構成</td><td>性</td><td>名</td><td>年齢</td><td>続柄</td><td>職業</td></tr>
<tr><td></td><td></td><td></td><td></td><td></td><td></td></tr>
<tr><td></td><td></td><td></td><td></td><td></td><td></td></tr>
<tr><td></td><td></td><td></td><td></td><td></td><td></td></tr>
<tr><td></td><td></td><td></td><td></td><td></td><td></td></tr>
<tr><td></td><td></td><td></td><td></td><td></td><td></td></tr>
<tr><td>建物</td><td colspan="5">□ 戸建（築　　年）□ 分譲マンション（築 8 年）□ 賃貸（築　　年）</td></tr>
<tr><td>床面積</td><td colspan="5">1 階（　　　m2） 2 階（　　　m2） その他（　　　m2）</td></tr>
<tr><td>ご予算</td><td colspan="2"></td><td>ご希望日</td><td colspan="2"></td></tr>
<tr><td>間取り</td><td colspan="5">□ ワンルーム □ 2DK □ 2LDK □ 3DK □ 3LDK
□ 4LDK □ その他（　　　　　　　　）</td></tr>
<tr><td>収納でお悩みの場所</td><td colspan="5">□ 家全体 □ リビング □ ダイニング □ 寝室
□ 和室 □ 子供部屋 □ 玄関</td></tr>
<tr><td>お仕事</td><td colspan="5">□ 会社員 □自営業 □ 専業主婦 □ その他（　　　　　　　　）</td></tr>
<tr><td>性格タイプ</td><td colspan="5">□ 何でも捨てる　□ 几帳面
□ 捨てるのが苦手　□ 神経質
□ ちらかっていると気になる　□ 衝動買いをする
□ ちらかっていても気にならない　□ 優柔不断
□ 物を持っていないと不安　□ せっかち</td></tr>
<tr><td>ライフスタイル
生活パターン</td><td colspan="5"></td></tr>
</table>

ゴールイメージは、最初は漠然としていてもかまいません

ゴールイメージは作業を進めていくなかで重要な役割を果たします

実際に片付けるには5つのステップを踏みます。その際に、毎回ゴールイメージは大切になってきます。

例えば、STEP2「厳選する」では、どれを残して、どれを捨てるか、迷うことになるでしょう。それもゴールイメージに基づいて、「今後自分が送りたい生活に必要か？」とご自身に問いかけることによって、必要なものなのか、それとも手放すものなのかという答えが出てきます。

15ページの例をそのまま引用すると、「子供と過ごす時間はどんなインテリアに囲まれていたいのか」「どんなものに囲まれて映画鑑賞をしたいのか」と考えます。そうすると、「子供にここで絵本を読んであげたいから、ここにはこういう照明が欲しい」ですとか、「映画を観ながらこういうグラスでワインを飲みたいから、このワイングラスは残そう」など、ゴールイメージにより自分の理想が具体的な形になっていくのです。

これからの作業で迷いが生じたら、常にゴールイメージに立ち返りましょう。そうすれば、自分の理想に基づいた住まい作りができるはずです。

最初は断片的なイメージでもかまいません

とはいっても、みなさま、最初は、漠然としているものです。だからお部屋が混沌とした状態にあるのです。インテリア雑誌に出ている1枚の写真など、断片的なものでもかまいません。何か一つ、理想を見つけましょう。

作業を進めていくと美意識が高まってくるので、徐々にクリアにゴールイメージが見えるようになります。最終的には「この生活にこれは合わない」というように、ボールペン1本にいたるまで、ご自身の基準で選択できるようになるのです。

ゴールイメージに近い写真を貼っておきましょう

あなたの近くにゴールイメージとなるインテリアはあります

- インテリア雑誌を切り抜いておく
- ホテルの内装の写真を撮る
- モデルルームを見学して、写真を撮る
- インテリアショップの展示の写真を撮る
- カフェの内装の写真を撮る

自分の基準を見つけ、自分にとっての本物に出会ってほしい

私が望むゴールイメージを紹介します

最近では、その人に合わせてアレンジできる収納の本が増えて嬉しく思います。「こうすれば楽になる」という一時的なものでは、すぐリバウンドしてしまいます。

リバウンドを防ぐには、ライフスタイルや体質など、さまざまなものを分析しなければなりません。それが今後の作業をしていくうえで「自分の基準」となります。

自分の基準がわかってくると、「自分にとっての本物」がわかってきます。例えば、私は、包丁のメーカーで、デザイン性があり使いやすいと世界的に有名なグローバルのものを使ったことがありますが、手になじむのはヘンケルスのものでした。世の中でいいといわれているものを知ることは大切です。ただそれに流されず、自分の五感や価値観で考えて、自分には何が大切かを知ることが必要です。みなさまが一つ一つのものについて語れるくらいのこだわり、〝愛〟を持って接することができるものに、一つでも多く出会えることを望んでいます。

収納は、命を大切にすることにもつながります。14ページでも触れましたが、片付けに時間を取られず、その先にある幸せの時間、つまり、自分の命を有意義に使うことができます。また、自分の基準がわかってくると、むやみにものを買わなくなります。それは地球の資源という命を大切にするということです。

さらに、時間の余裕は「美」を生み出します。時間にゆとりがあれば、人とお話しするときもきれいな言葉を使いますし、物を書くときも丁寧に書く、人とのコミュニケーションを大切にするようになります。食材に季節のものを取り入れるとか、ファッションやメイクに時間をかけるなど、心を込めて暮らせる、それが美につながっていきます。

そんな日々を送るための収納であってほしいと思います。

美的収納の目指すもの

ものに対して もっと愛情を持つ

自分だけの
本物と出会えます

自分らしさを見出す

ご自身の基準と、
スタイルを確立できます

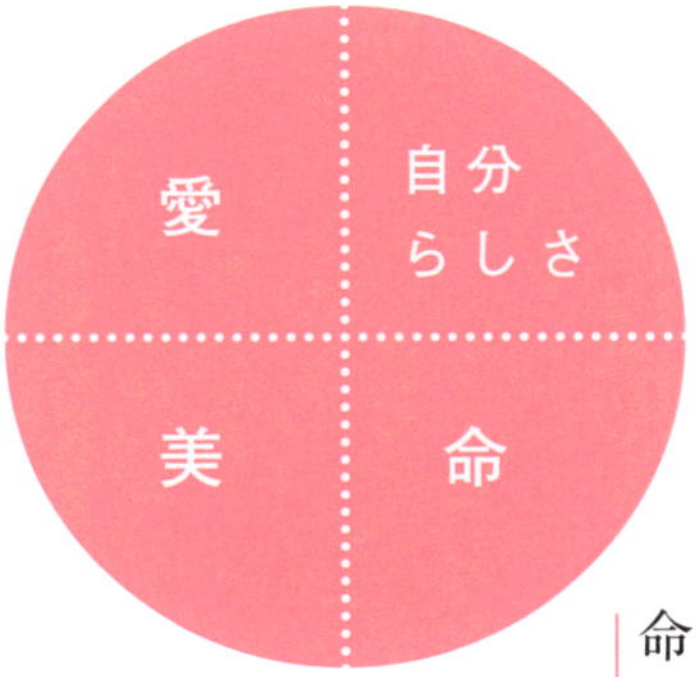

美しく暮らす

心を込めて丁寧に暮らす
ゆとりを持てます

命を有意義に使う

自分の時間、地球の資源を
大切にできます

収納がうまくいかないのはあなたのせいじゃない

収納がうまくできないのは、自分に合ったスタイルが見つけられていないだけ

今まで幾人ものお客様のご自宅を訪れ、お話をうかがいましたが、不思議に思うことが一つあります。それは、みなさま、ほかの家事なら「夫が手伝ってくれないから」など、ご主人やお子さんのせいにできるのに、収納となると、「私がだらしないから……」「私が片付けが下手だから……」とご自分のせいにされるのです。

断言します。散らかるのはあなたのせいではありません。収納スタイルがあなたに合っていないだけなのです。ものが主役の収納から人が主役の収納に、家に自分を合わせるのではなく、自分に家を合わせるというように、既成概念を変えてください。

今日からもう、自分を責めるのはおしまいにして、あなたらしい、美しい収納法を見つけていきましょう。

自分のストレスを書き出してみましょう

あなたに合った収納スタイルは本書のメソッドにしたがって行えば必ず見つかります。それには、まず、現状を見つめ、何が自分の不満・ストレスになっているのかを考えることが大切です。根本的な原因がわからないと、一時的に片付いても、すぐ元の状態に戻ってしまいます。なぜ散らかるのか、原因を考えるためにも、まずは、今抱えているストレスを書き出してみましょう。

左のページは私が、お客様からご相談を受ける前に書き出していただいたご自宅のストレスです。合計で20個程度ですが、これはまだまだ見落としているストレスがいっぱいあるはずです。400〜500個ぐらいあるのが普通なのです。

もちろんすべて書き出す必要はありません。それだけ、知らないうちにみなさま我慢していることがあるということを知って欲しいのです。

ある方のストレスの例

- テレビがリビングルームに置けない
- 絵本と図鑑を収める本棚がない。子供が手に取りやすい場所に本棚を置きたい
- 仕事関連や教育関連の本を収める本棚がない
- おもちゃが多すぎて収納できない（いろいろなところにおもちゃがありすぎて、部屋がきれいにならない。子供がお片付けをしやすいように収納してあげたい）
- 皿やコーヒーカップなどをもう少し増やしたいが、収納場所がない。子供が大きくなると食器の数が増えそうなので、場所を確保したい
- 調理道具の置き場所が少ない
- 収納が悪いせいか、子供が、自分の食べた食器を片付ける、しまうなどのお手伝いをしない
- リビングのテーブルライトがテーブルの真上に来ない
- 子供がおもちゃを落とすことが多いので、床が傷つきやすい
- 子供が遊ぶせいで、畳がすぐボロボロになる
- 子供がお絵かきや工作が好きだが、床の上しか遊ぶ場所がない
- 子供が勉強するスペースがない。リビングのテーブルは凹凸があり書きにくいのだそう
- 子供部屋がない
- 子供が成長してきて、テーブルが小さくなってきた
- 子供用のイスを使用すべきか、大人用にすべきが悩み
- ソファに子供の落書きがたくさん。あまり使わないので子供のお絵かき場になっている
- 寝室で親子４人で寝ているが、布団にするかベッドにするか悩んでいる
- 子供の幼稚園グッズや習い事グッズが取り出しやすい場所にない
- 洋服や下着、ハンカチなどが取り出しやすい場所にない
- 家族の脱ぎ散らかしたパジャマや服がソファーやイスに置きっぱなし

この方は６歳の男の子と３歳の男の子とご主人の４人家族。長男が来年小学校に上がるにあたって、ライフスタイルが変わるので、それに伴って、ストレスがいろいろ生じている。

下の例にしたがって、お住まいの部屋ごとの状況と
今後のご希望について左ページにご記入ください。

部屋別の調査表

	現在のお部屋の状況	今後のご希望
リビングルーム	・L字のソファとテーブルで食事をしたり、話をしたりしています。 ・子供の絵本100冊、図鑑40冊など本が並んでいます。 ・子供のおもちゃがたくさんあります。 ・ほとんど見ることのないテレビ、ビデオが置いてあります。 ・パソコンがとても狭いテーブルにFAXと並んでおいてあります。 ・収納が一つあり、奥が深くて、探したいものが見つかりません。	・子供の食事のためにも、一人一人のイスを準備した方がよいのではないかと思っています。 ・さらに80冊程の絵本が増える予定で、子供がいつでも手に取れるように、本を並べて置いてあげたい。 ・おもちゃの整理を子供がやりやすく片付けやすくしてあげたい。 ・主人がパソコンを使って勉強することが増えてくるので、作業をやりやすい場所を作ってあげたい。 ・収納から物を取り出しやすくしたい。
和室（子供部屋）	・子供のジャングルジムとプラレールのおもちゃで、ほとんど場所が取られている。 ・整理ダンスが古く、壊れているので、購入を考えている。子供の洋服が入りきらない。 ・押入れの中がうまく整理できず、物がよく落ちてくるなどしている。 ・ベビーベッドや子供のグッズで使わなくなったものの置き場所となっている。	・まだ子供が小さいので、家の中で体を動かせるものとして、ジャングルジムなどは必要だと思うが、家のことを考えると早く処分したいとは思っています。 ・子供だけでなく、私の洋服も入るような整理ダンスが欲しい。 ・押入れの収納を見やすく、取り出しやすくしたい。 ・早く不必要なものを処分したい。
キッチン	・ほとんど独身時代に使っていた収納棚などを使っているので、形もバラバラで整理しにくい。 ・お皿などをもう少し増やしたいが、置き場所がなくて増やせない。 ・いつも床の上にゴミや鍋などが置いてある。 ・ついつい買い置きするものが増えてしまい、収納する場所がなくて困ってしまう。	・皿、コップなどの食器をきちんと並べられる棚が欲しい。 ・台所がキレイに整頓されて、動きやすく清潔にしたい。 ・買い置きのものを減らしていきたい。
寝室	・子供と私が寝るダブルサイズのベッドと主人が寝るシングルベッド1台の合計2台のベッドで部屋をいっぱい使ってしまっています。 ・私のクローゼットが取り出しにくい。 ・私と子供の下着などを入れる簡易ボックスがあるが、子供が自分で取るには取り出しにくく、もう壊れそうである。 ・シーツなどをストックしているカゴとその下に収納ボックスがある ・不要なものがいくつかある。	・これからもう1人子供が増えることを考えると、ベッドでの生活がよいのか、考えてしまう。 ・子供が寝ていると、私のクローゼットが開けにくいので、私の日頃着るものを、ほかの場所に移動したほうがよいのではないか。 ・子供と私の下着をできれば脱衣所に持っていきたい。あるいは、家族全員分の下着を置く場所を設けたい。 ・シーツなどをうまく収納したい。 ・不要なものを早く処分したい。

	現在のお部屋の状況	今後のご希望
リビングルーム		
和室（子供部屋）		
キッチン		
寝室		

ストレスを自覚することが美的収納のヒントに

収納で生活をがらりと変えられます

私は、仕事柄、なかなか自宅にいられないので、洗濯物を外に干せず、浴室を乾燥室として使っています。ただ、仕事から帰ってきて、シャワーを浴びようとすると、洗濯物がびっしり。うんざりします。それを一度リビングに運びますが、たたむのは翌日の準備を終えた就寝前。疲れた心身にはすごいストレスです。

こうしたことに時間を取られるのが嫌で、何とかならないかと考えた末、収納を変えることでその手間を省くことができました。

今まで下着類はたたんでしまっていたのですが、すべて下着用のハンガーにかけてしまうようにしたのです。そのハンガーを使って干しておけば、乾けば干した状態のまま収納スペースにしまうことができます。仕事から帰ってきても、浴室にかかっている洗濯物を収納スペースに移すだけ。洗濯物をたたむという手間を省くことができたのです。

当たり前のことでもいい ストレスをどんどん挙げて

私の例をお読みになって、どんな感想を抱かれましたか?「洗濯物をたたむのなんて家事では当たり前のことじゃない」と思われた方も多いのではないでしょうか。その通りです。でも、それがストレスになるようなら、収納で解決できるのです。

例えば、「洗面所が寒くて洗濯するのが嫌」というようなことでも「こんなわがまま言ってはいけない」と思わないでください。常識に埋もれてしまっているそういったストレスを認識することが、あなたのライフスタイルに合った収納を見つけるための大きなヒントになります。

当たり前のことでけっこうです。わがままを挙げれば挙げるほど、あなたらしさや、あなたがどういう生き方をしたいのか、自分の輪郭のようなものが見えてくるのです。

あなたの不満は何ですか？

ストレスに気づくヒント

- 部屋別に考える（ex: キッチンで気になることは？）
- 時間帯で考える（ex: 朝、急いでいるときに困ることは？）
- 家族構成で考える（ex: お子様が不便そうにしていることは？）

私のストレス改善策

仕事から帰ってきて疲れて洗濯物をたたむのが苦痛で仕方なかった

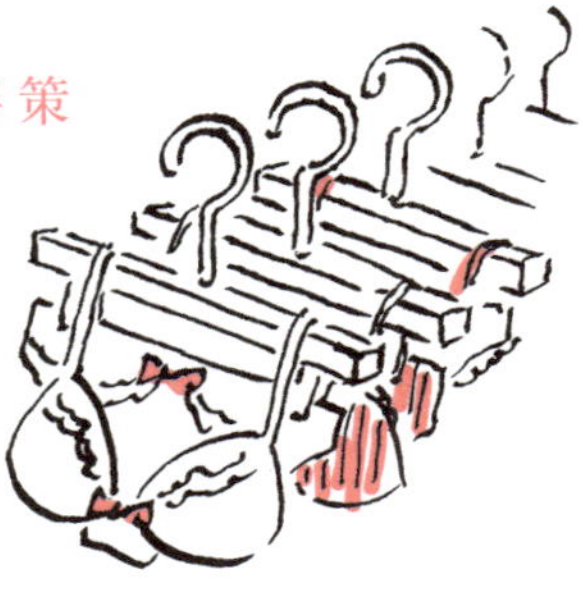

ハンガーにかけて干し、そのまま吊るしてしまうことで洗濯物をたたむ作業をカット。そのうえ、形崩れもしない。

※ただし、これがベストな収納というわけではありません。これは私の収納スタイルです。

散らかった住まいのストレスの原因は大きく3つに分けられます

ストレスは不便・不明・不快に分けられます

みなさま、ストレスを挙げることはできましたか？このたくさんのストレスは、実はたった3つに分けられます。

①「不便」……取りに行くのが面倒であったり、出し入れが面倒といったことです。例えば、使用頻度が高めの食器が上のほうの棚に入っていて、取り出すのが面倒だとか、しまってある棚の前にものが並んでいて、ものをどけるのが億劫だ、などがこれにあたります。

②「不明」……使おうと思ったときに、そこになくて探すという手間もそうですが、使ったものや、新しく買ってきたものをどこにしまったらいいかわからないという迷いも不明に入ります。特に書類は不明になりやすく、生活においても仕事においても大きなストレスとなります。

③「不快」……これが一番、「片付けたい」と思う方のストレスとして大きいかもしれません。散らかっていて汚い、と感じたときです。また、家具を買って収納に凝っているつもりだし、片付けてもいるのに、なぜか垢抜けない、すっきりしない、というストレスもここに入ります。つまり、「美しいと思えない」ということです。

ストレスと願望は表裏一体です

ストレスがクリアになると、みなさまが望む生活もはっきりしてきます。なぜなら、ストレスとは願望と表裏一体になっているからです。例えば、不便の反対は便利、不明なら明確、不快の逆は快といった具合です。

より多くのストレスに気づくことができれば、その分改善できる点も増えてきます。改善すれば、「便利でわかりやすく美しい」生活があなたを待っています。

3つのストレスの図表

不便

ものの出し入れがしにくい

不明

ものがどこにあるか、
どこにしまうかわからない

不快

ものが散らかっている、
片付けているのにきれいに見えない

3つの原因を改善すれば住まいは散らからない

散らかる原因を考えてみましょう

では、次になぜそういったストレスが起こるのか、その原因を考えてみましょう。私が考える「住まいが散らかる原因」は次の3つです。

①ものの量と収納スペースのアンバランス……ものが多いか、収納スペースが少ないか、またはその両方か。どのケースにしても収納スペースに入りきらなかったものは散らかりの原因になります。

②指定席の位置が悪い……つまり、ものを置く場所に問題があるということです。家族みんなが使うものを、不便な位置においていては、出しっぱなしになりやすく、散らかるのは当然です。詳しくはSTEP3「仮置き」でご説明いたします。

③器が自分に合っていない……器とはものを入れる容器のことです。家具や箱、ファイルなどから、造り付けの家具、家の間取り、すべてです。散らかる原因でもっとも大きいのは、自分に合っていない器を選んでいることです。「家の間取りや造り付けの家具はどうしようもない」と思われがちですが、それは固定観念にとらわれなければ、いくらでも対処できる方法があります。詳しくはSTEP4「器を選ぶ」でご説明いたします。

ストレスと散らかる原因は切っても切り離せない関係です

これらの原因は、20ページに紹介した3つのストレスとつながっています。例えば、ものが多いと何がどこにあるかわからなくて「不明」になりますし、家具の奥行きが深いと、奥のものを取り出しにくく「不便」ですし、その結果出しっぱなしになり「不快」をもたらします。

なぜ散らかるのか、その原因を考えることによって、みなさまの持っているストレスも改善されていくことでしょう。

住まいが散らかる原因

もののの量と収納スペースの アンバランス

「もの＞収納スペース」の状態で、
しまいきれないものが散らかる

指定席の 決め方が悪い

不便な場所にものがあるため、
きちんとしまわず散らかる

器が悪い

出し入れしにくい容器のため、
出しっぱなしになり散らかる

美しく収納すると必ずご褒美が返ってきます

私が「美的収納」にこだわる理由

「楽でわかりやすくしまう」ということを実践されているにもかかわらず、何かもの足りない、しっくりこないと感じていらっしゃるお客様に会うことがしばしばあります。このもの足りなさの原因は何でしょうか。それは「美」の意識不足からくるものかもしれません。

しかし、「わかりやすいこと」と「美しいこと」は比例しています。わかりやすい収納をしていくと、そこは自然に美しくなっているのです。また、「美」とは、「快」なのです。美しいものに囲まれていると、それを維持しようという気持ちが誰でも自然と起きてくるのです。

お客様の例で、今まで靴下をグチャグチャと丸めてしまっていた方がいらっしゃいました。それをきちんとたたんで仕切りを作り、色別にしまうようにしたら、ご家族が自然に靴下をそこに戻すようになったそうです。このように、片付けたものをきちんと元に戻すという「維持するための美」は、リバウンドを防いでくれるだけではなく、無言のしつけにもなるのです。しかも、家族みんながものの位置を把握できるので、「ママ、あれはどこ?」と聞かれることがなくなります。それは時間という形であなたにご褒美が返ってくるのです。

美的収納は誰にでもできます

私がまだ独身のとき、夫の家に遊びに行ったら、足の踏み場もないほど散らかっていました。ところが、結婚してから変化が生じたのです。私は一度も「片付けて」と言ったことはないのですが、「きれいなことは気持ちがいいし効率的」という感覚が刷り込まれ、赴任先でも自然と片付けるのだそう。収納や片付けが苦手とあきらめている方がとても多いようですが、私は誰にでもできると思っています。環境で、人はいくらでも変わると実感しています。

美はしつけと時間の余裕をもたらす

きちんと しまっていると……

色別など規則性を持たせて、美しくしまっていると、どこに入れればいいかわかるので、家族が自分で片付けるようになる。自然にしつけになるうえ、何がどこにあるかも一目瞭然で、どこにあるか聞かれることもない。

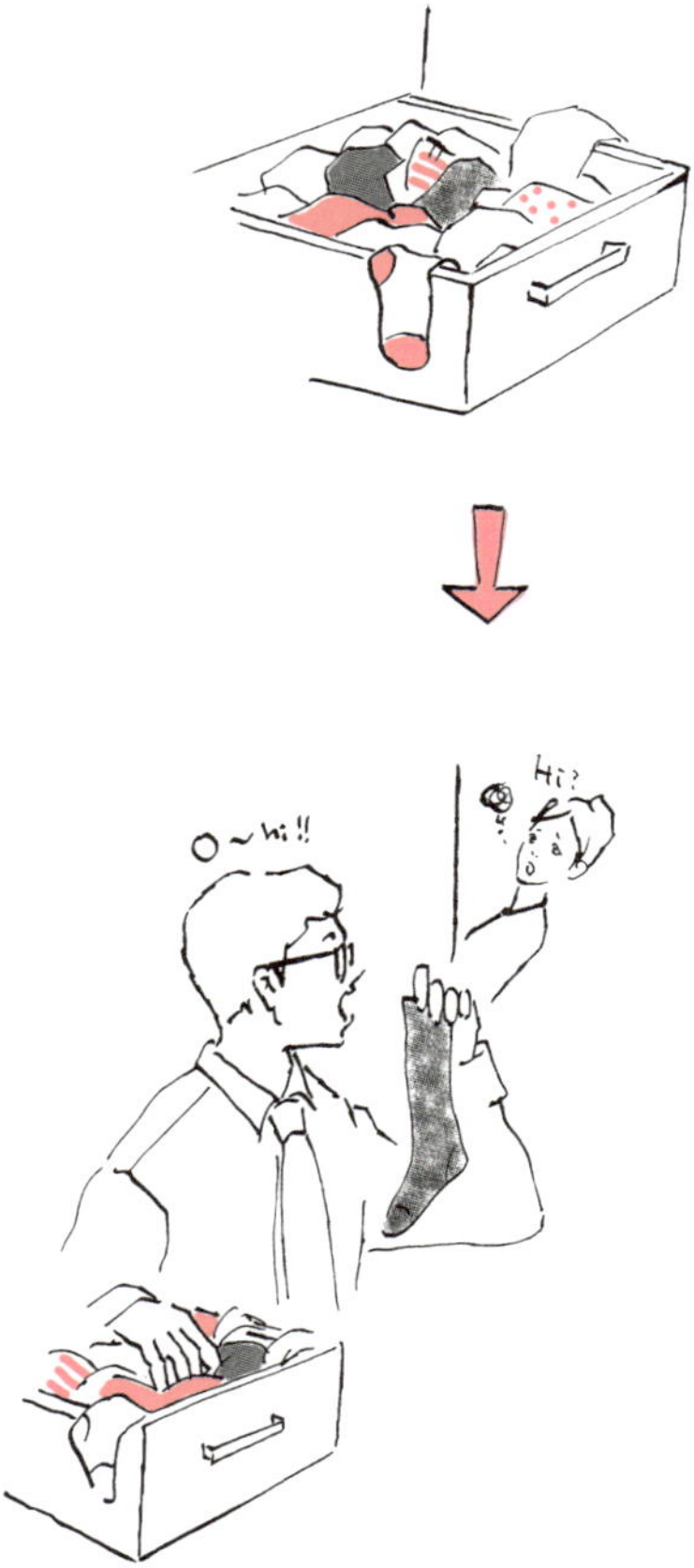

ぐちゃぐちゃに しまっていると……

例えば、靴下をぐちゃぐちゃにしまっている場合、夫や子供に「あの靴下はどこ？」などと聞かれることに。美しくないだけでなく、家族にとっても自分にとっても時間のロスになる。

順序を守ることが美的収納への近道です

5つのステップを順を追って行いましょう

具体的な美的収納の作業に入る前に、お話ししておきたいことがあります。この美的収納メソッドは5つのステップから成り立っています。詳しくは左のページをご覧ください。大切なのは、この5つの順序を間違えないということです。

まず、いらないものを処分して、器を買ってものを収めるのが一般的な収納法ですが、このやり方では、「時間、労力、お金、スペース」にムダが生じます。

詳しくは各ステップでお話ししていきますが、例えば、家の中のものを大雑把でも分けてからものを厳選するのと、厳選や処分から始めてしまうのとでは、選び出す速度や処分量の差にかなり違いが出ます。

分類する前に選び始めてしまうと、一つ一つを見て判断するので迷いが生じやすく、時間がかかります。残すものが多ければそれだけスペースも必要になりますし、ものを使いやすくわかりやすくしまうためには、必ずその器、つまり家具や箱などが必要になるので、お金もかかるのです。言い換えれば、「時間、労力、お金、スペース」は収納の効果なのです。

ゴールイメージを見失わないように

美的収納は、みなさまとても楽しいとおっしゃってくださいます。ものはあなたの心を反映しているのですが、持っているものをきちんと把握することで、好みや癖、ストレスなど、自分の姿が占いのように見えてくるからでしょう。

しかし、収納は手順を間違えると、面倒でつらいものになります。黙々と時間をかけて行い、そのうえすぐにリバウンドして散らかってしまえば、ますますやる気を失います。ゴールイメージも見失うこととなるでしょう。ゴールイメージを見失うと、モチベーションが下がるので、長続きも難しくなります。くれぐれも順序を守って作業をしてくださいね。

3つの法則と5つのステップ

法則1
ポジティブな
ゴールイメージを持つ
→P14～参照

法則2
うまく収納できない
理由を分析する
→P22～参照

法則3
作業の順序を
間違えない

STEP01 分類する →P37～参照

▼

STEP02 厳選する →P61～参照

▼

STEP03 仮置き →P87～参照

▼

STEP04 器を選ぶ →P109～参照

▼

STEP05 収める →P145～参照

COLUMN
00

作業に取り掛かる前に写真を撮っておきましょう

私はいつも、お客様のご自宅にうかがった際、作業に取り掛かる前に、各部屋の写真を撮らせていただきます。「ちょっと片付けさせてください」とおっしゃる方が多いのですが、写真というのはよりお客様に現状を客観視してもらうためのもの。散らかっているのも含めて、住まいの様子を再確認していただく必要があるのです。

きちんと片付けているつもりでも、写真を撮ると、ご自分が思っていらっしゃるより雑然としていて、みなさま驚かれるのです。雑然として見えるのは、統一感や規則性がなかったり、バランスが悪いためです。

デジタルカメラがなければ携帯電話についているカメラでもかまいません。一度写真を撮り、それをじっくり見てみましょう。見ているうちに、「この小物の配置はあまりきれいに見えないのね」など、部屋を雑然と見せているものが何となくわかるでしょう。それぞれのSTEPで分類したもの、処分したものの写真を撮っておくと、どれだけ自分がものを持っていたのかなどもわかります。

また、片付けた後に、見比べてみるといいでしょう。片付いていないようでも、進歩や変化が見えるので、モチベーションが高まります。

STEP 01

分類する

STEP 01

分類する

最初に「分類」することで、全体を把握でき自己分析できます

お客様のご自宅で実際の作業に入る前に「事前に何かしておいたほうがいいですか」と聞かれることがあります。そのときは、「いらないものは処分しておいてください」とお願いします。お客様は、あちこちの引き出しや棚を、一つ一つチェックして不必要なものを処分しておいてくださいます。そして私がご自宅にうかがったとき、まず点在しているもので、何か一つ、例えばCDを一ヵ所に集めます。そしてそれをクラシック、ジャズ、ジャパニーズポップス、ヒーリングミュージック……といった具合に「分類」を致します。この「分類」を行ってから、処分するCDがないかどうかもう一度見ていただきます。「もう捨てるものはないと思います」とお客様は初めはそうおっしゃるのですが、必ずと言っていいほど、しかも結構な量の不要品が出ます。これは、すべてを一ヵ所に集めることで全体の量が把握できたことと、同じようなCDがあることに気がつけたことなどが影響しています。

また、一つ一つを見て、必要か、不必要か判断していると面倒になりますし、大変時間がかかるものです。お客様はみなさま、このやり方を体験すると「こんなに早く処分するものを決められるなん

て」とおっしゃられます。つまり、分類を行うことによって、次のSTEPである「厳選」の作業のスピードを上げられるのです。
この分類の作業をある生徒さんが「人生の棚卸し」とおっしゃいました。みなさまが持っているものを分類していくと、今までどうやって生きてきたか、どんなものが好きなのか、何を大事にしてきたのかなどが見えてくるからです。それはまるで心理テストのよう。
あるお客様で、分類作業をしたら、便せんだけでダンボール一箱も出てきたことがあり、その量に唖然とされていました。箱いっぱいの便せんを目の前にし、「ここまで、自分の買い方の癖に気づかなかったとは……」とショックを受けていらっしゃいました。このように、ご自分の持っているものの種類や量、また好みや癖を改めて考える機会はあまりないでしょう。
分類の作業は、住まいの基礎固めであると同時に、自己分析でもあります。それは自分の持ち物を見直して、今までの生き方や暮らし方を振り返り、これからの生活に変化をもたらします。

家の中のものは7つのカテゴリーに分類できます

生活の流れに沿って分類して配置をすれば散らかりません

美的収納メソッドは、「徹底して分類する」ということをとても大切に考えています。分類は美的収納の作業をするうえで、8割を占めるといっても過言ではありません。

「徹底して分類する」といっても、家にあるものは、人の1日の行動の流れに基づいて、7つのカテゴリーに分類でき、家はその流れに沿って、ものが配置できるように作られているので安心してください。配置が複雑になっていることが散らかりの原因ですが、たいていの方はほんの少し配置を間違えている程度です。それを正して、本来の場所にシンプルに配置してあげるだけで、散らからなくなるのです。

では、具体的にその7つのカテゴリーを見てみましょう。まず、「①食べる」という食事に関するもの。食品や調理器具、食器などが該当し、キッチンやダイニングに配置されています。

「②きれいにする」については、洋服をきれいにする「洗濯道具」や、部屋をきれいにする「掃除用具」、自分をきれいにする「入浴、化粧」などがあり、サニタリーに集中します。

「③装う」ための衣類やバック、アクセサリーなどはクローゼットに、「④出掛ける」際に使う、靴、傘、アウトドア用品などは玄関と、1日の行動の流れに沿って配置されています。

「⑤楽しむ・いそしむ」については、人が集まるところ、あるいは勉強などを行う個室に配置することになるので、リビング・ダイニング、あるいは個室となります。「⑥寝る」にまつわる寝具は当然寝室に、「⑦直す・防ぐ・飾る」といった使用頻度の低いものに関しては納戸など、生活スペースとは少し切り離されたところに配置されます。

1日の行動の流れを考えると、カテゴリーと、配置されるもの、エリアは自然と決まってくるのです。

7つのカテゴリー

配置カテゴリー	配置する主なもの	配置エリア
食べる	食品、調理器具、食器など	キッチン、ダイニング
きれいにする	洗濯、そうじ、入浴、化粧、トイレ用品、医薬品など	サニタリー
装う	衣類、バッグ、アクセサリーなど	クローゼット
出掛ける	靴、傘、アウトドア用品、非常持ち出し袋など	玄関
楽しむ・いそしむ	本、ゲーム、おもちゃ、教材、文具、書類など	リビング、ダイニング、個室
寝る	寝具類など	寝室
直す・防ぐ・飾る	季節家電、工具、裁縫道具、インテリア用品など	納戸（サービスルーム）

分類するメソッドを覚えましょう

大分類・中分類・小分類を理解しましょう

分類をするうえで知っておきたい鉄則があります。それが「大分類・中分類・小分類」です。

家にあるものを端からひとつずつ分類しようと思うと、うんざりするほどの時間を要しますが、この鉄則に従うと、効率よく分類することができます。

鉄則といっても、難しく考える必要はありません。要はお店の分類法です。

例えばデパートの売り場を考えてみてください。女性服や紳士服、子供服などの衣類売り場、家具売り場、キッチン用品売り場、食品売り場……などに分かれていますね。これにドラッグストア、ホームセンター、大型家電店、本屋を付け加えてください。自宅をこれらのお店にするようにイメージして分けましょう。これが「大分類」です。

次にそれぞれの売り場を考えてみましょう。婦人服売り場なら、衣類、バック、アクセサリーなど、キッチン用品売り場なら、食器やカトラリー、リネンなどに売り場が区切られています。それが「中分類」です。

カトラリーを見て行くと、スプーン、フォーク、ナイフ、箸などの「小分類」に分けられ、さらに、スプーンのなかでもコーヒースプーン、アイスクリームスプーン、カレー用スプーンなど、「小」小分類に分けられます。

ほとんどのものは「中分類」まで分けられればOKです

分類は、自分が持っているものが、大まかにわかるまで続けます。ものが多い場合は小分類まで分けるケースもありますが、ほとんどのものは中分類まで分ければ、自分の持っている量など内容を把握できます。あまり神経質になる必要はありません。最初は間違えても構わないので、気楽に始めてみてください。

大分類・中分類・小分類とは？

大分類・中分類・小分類・小小分類の例。カトラリーとは聞きなれない言葉ですが、ナイフやフォーク、スプーンなどのこと。覚えておこう。

大分類

キッチン用品

中分類

食器　カトラリー　リネン etc

小分類

ナイフ

フォーク

スプーン

小小分類

ディナーナイフ
フィッシュナイフ
フルーツナイフ
etc

ディナーフォーク
フィッシュフォーク
ケーキフォーク
子供用フォーク
etc

ディナースプーン
スープスプーン
ティースプーン
アイスクリームスプーン
etc

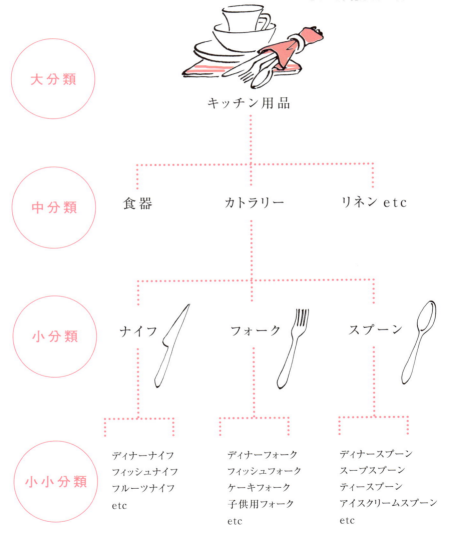

分類はお子様がわかる言葉のレベルで

中分類は、小学生の子供に教えるような言葉で分けます

分類するときに気をつけていただきたいことがあります。それは、「最初から細かく分けすぎない」ということです。

例えば、文房具の場合、「書くもの」「切るもの」「消すもの」「貼るもの」「測るもの」「綴じるもの」というように、用途別に分けます。

食材でいえば、「缶詰・ビン詰」、パスタ、おそうめんなどの「麺類」、小麦粉・片栗粉などの「粉類」、カレールー・レトルトなどの「インスタント」……といった具合です。

基準としては、お店をイメージしながら、3～4歳のお子様でもわかるような言葉でくくることです。そうしておけば、仮置きの場所を決めてしまった後、お子様でも容易に位置を推測できるからです。

詳しくはSTEP3「仮置き」で触れますが、ご家族全員が家中のすべてのものの位置を把握することは無理ですから、推測できるように工夫する必要があるのです。

分類の作業はスピーディに行いましょう

なぜ、最初から「蛍光ペン」「マジック」などという分け方をしてはいけないかというと、細かすぎて、分類の手が止まってしまうからです。

50ページでも触れますが、「分類している途中でものを捨てない」というのと同じ理由です。一つ一つ判断していると、分類作業のペースが落ちるという問題からです。

「大分類」「中分類」「小分類」と徐々に分けていくことの理由は、なるべくスピーディに分類できるようにすること。そのためにも、一つ一つを細かく見ないで大雑把に分けていくのがポイントです。

分類は平易な言葉で

なぜ平易な言葉で分類するかというと、作業のペースが落ちないから。また、例えば文房具売り場でもこのような分類で置かれているはず。たくさんある商品の中から欲しいものを探せるのもこのような分類ごとに置かれているから。

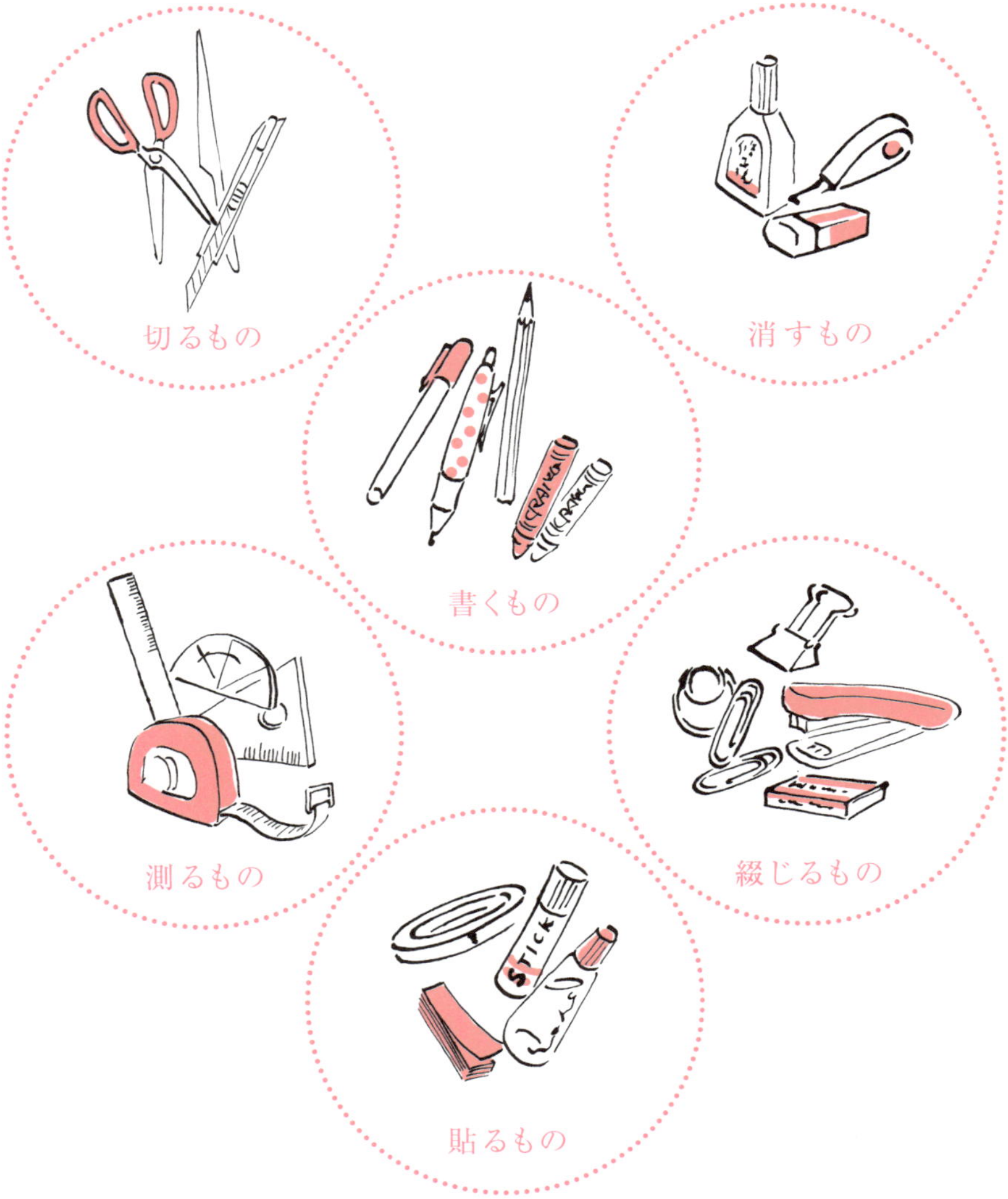

後回しにしたほうがいいものもあります

紙もの、思い出のものの分類は後回しに

分類を始めるときに、みなさまが失敗しがちなことがあります。それは、「何から分類し始めるか」ということです。次のものは、後回しにしてください。

①書類
②写真
③手紙
④雑誌などの切り抜き
⑤書籍
⑥思い出の品

これらは判断に時間がかかってしまうこと、内容に気を取られてしまうことがあるからです。また「わかりやすくて便利になった」という感動がすぐに味わえないので、モチベーションが上がりにくいのです。

これらのものは、お客様のお宅の作業でも、お客様が要領をつかめてきた頃、また住まいが9割ほど完成に近づいた一番最後に行っております。

よく使うところ、目に付くところから始めましょう

収納を少しずつ続けていくためにも、「楽しい」「嬉しい」という感情は、次の作業のモチベーションにつながるためすごく大切なこと。まずは、目に見えて、一番使うところ、片付けることで生活が楽になるところから始めるのがいいでしょう。上記の以外のものでしたら、何から始めても大丈夫です。大切なのは作業の順序、「分けてから捨てる」をしっかり守ることです。

収納の作業はやり方を間違えると、苦痛で飽きてしまうことになりかねません。

初めはとにかく、片付いたときに「快」を感じることが大切なのです。

慣れていくと、手順も覚え、スピードも早くなりますから、見えない場所や難しい分類にチャレンジしても、「快」を感じられるようになります。

これは後回しにしよう

写真や手紙、思い出の品の整理を始めると、ついつい中身を見てしまい、分類が客観的に行えない。また、書類や雑誌の切り抜きは、なかなか「便利になった!」という感覚を得にくいため、モチベーションが上がりにくい。書籍は次のステップの処分で迷うことが多いため。

短時間で仮置きまでできるものがベスト

私がお客様のお宅でどこから始めるかといえば、キッチンや玄関、洗面所などです。なぜなら、リビングやダイニングなどと違い、独立していて、大体の場所が決まっているからです。

例えば、キッチンには食材や調理器具、食器など、料理に関するもの以外は入ってきませんね。あったとしても、よけておける分量でしょう。しかし、リビングなどは、おもちゃや食器、衣類、掃除道具など、他の部屋とのつながりも考えなければならないので、システム作りが大変なのです。

私の場合は、キッチンから始めます。その中でも、食材からスタートします。食材は賞味期限など、処分の基準が明確なので厳選がしやすいのと、食の空間は1日3回使うところなので、わかりやすく楽になったということをすぐに体感できるからです。ただし、食器は分類はしやすいですが、配置に時間がかかることも。苦手な方は美的収納に慣れてから取り掛かってもよいでしょう。

まずは文房具や消耗品から始めるのがオススメです

収納のモチベーションを高めるためにも「快」が大切とご説明いたしましたが、「快」を感じるのは、分類だけでなく、分類、厳選し、それを仮置きして、実際生活をしてみたときです。ですから、美的収納メソッド初心者の方には、大体1～2時間でステップ3まで終わるものから始めることをオススメします。

分類しやすく、分類した後の使い勝手がよく、美的収納メソッドの効果がすぐに実感できるのは文房具や消耗品です。それらから始めてみましょう。

部屋として取り掛かるならキッチンや玄関周りがいいでしょう

時間があり、部屋全体を片付けたい、と思われる方もいるでしょう。

初心者はまずここから

01　STEP1～3が、1～2時間でできるところ

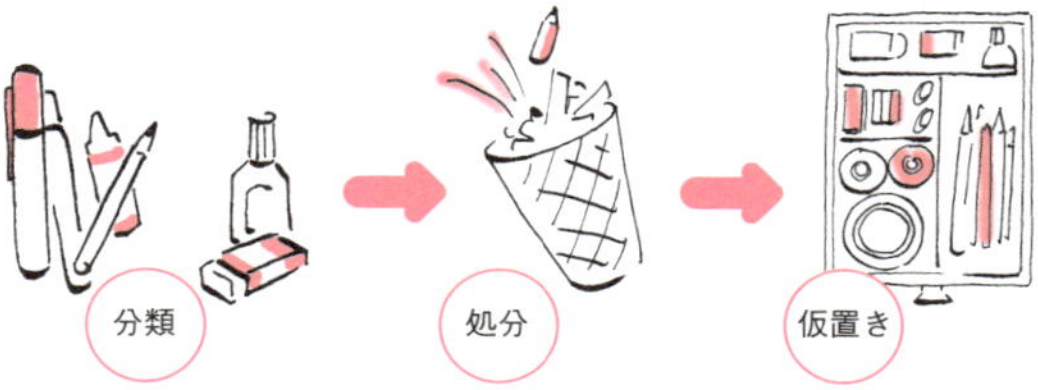

分類、厳選、仮置きまでの3ステップを短時間で済ませられる、文房具や食材などの消耗品から始めて、「きれいに使いやすくなった!」ということを実感しよう。

02　キッチン、玄関など独立しているところ

ある程度時間に余裕がある人は、部屋全体に取り掛かりましょう。ただし、リビングやダイニングにはキーホルダーや何かの部品など、どこに分類していいかわからないものがあり初心者は混乱して作業が進まないので、後回しに。

03　作業後、わかりやすさが明確になるところ

食器棚は1日3食、毎回目にするところだから、分類の効果を実感しやすい。陶磁器、ガラス、木のものなどに分類し、使う頻度の高いものから入れていくと、見た目も美しく、使い勝手もよくなる。

04　処分の基準がわかりやすいところ

食材は賞味期限があり、処分の基準がはっきりしている。処分することにためらいがないので、初心者でも早く作業が進む。

家中の食材を一ヵ所に集めましょう

点在している食材を分類スペースに持ってきましょう

では、食材の分類を一緒にやってみましょう。

まずは、あちらこちらに点在している食材を一ヵ所に集めてきます。調味料入れや、食器棚の片隅、リビングやダイニングの戸棚の中、常に出しっぱなしになっているもの、すべてです。もしできるのなら、納戸に入っている頂き物や、ストックの食材も集めましょう。ただし、冷蔵庫にあるものは、そのままにしておきます。

それには事前に作業するスペースを確保しなければなりません。とはいっても、たたみ一畳分、ダイニングテーブル一つあれば大丈夫です。食材以外のものでもそうですが、大体一つの中分類を一ヵ所に集めても、そのぐらいで済みます。私が今まで見てきた中で、もっとも持ち物が多かった方でも、中分類一つなら、たたみ二畳で済みました。片付けにそれほどスペースはいりません。

「絶対いらない」と思うものでも途中で処分してはいけません

このとき必ず守っていただきたいのが「いらないとわかっているものでも途中で処分しない」ということです。例えば、賞味期限切れの食材は不要だとわかっていても、分類の段階では捨てません。これは次のステップの「厳選する」で意味を持ってくるのですが、どれだけ自分がムダなものを溜め込んでいるかを、ビジュアルで把握していただきたいからです。詳しくは厳選のページでお話いたします。

また、「個人で所有しているものは手をつけない」ということも大切です。夫の書斎の夜食、子供の部屋のお菓子など、それぞれが自分で管理しているものはそのままにしてください。集めるのは共有スペースのものだけにしましょう。

食材の分類を始めよう

01 スペースの確保

1つの小分類を分類するのにはダイニングテーブルがあれば十分。ダイニングテーブルの上のものをどかして作業しよう。新聞紙などを敷いて、床で作業してもいい。

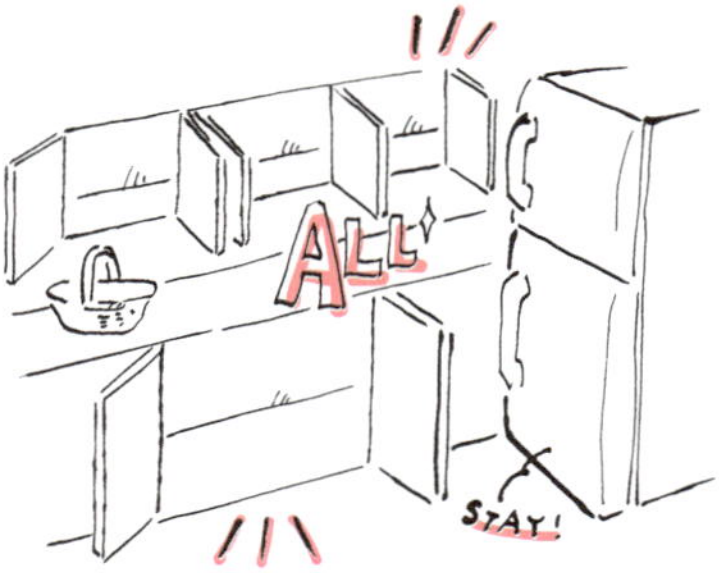

02 家中の食材を集める

冷蔵庫にあるものや、油でべとついているものなど以外は、調味料、乾物、お菓子などすべて一ヵ所に集めてくる。

NG

子供部屋や書斎にある個人所有のものは集めない。あくまで共有しているもののみ。

NG

集めながら、「カビが生えている」「粉が固まっている」「賞味期限が過ぎている」と気づいても捨てないで分類する

食材を小分類に分けましょう

ぱっと見て量の多いものから取り掛かって

次に、集めた「食材」という中分類を、小分類に分けていきます。

食材の場合、小分類は、まずは、形状が似ているもので集めるといいでしょう。「缶詰」「ビン」などはわかりやすいといえます。

次に、食材の中でも多いものを分類します。例えば、乾物が多いお宅の場合は、乾物から始めます。多くを占めているものから分類してしまえば、残りがすっきりしてやりやすくなりますし、ゴールが見えるようになるとやる気も出るからです。ぱっと見て、量の多いものから取り掛かりましょう。

そのほか、小麦粉、片栗粉などの「粉もの」、スパゲティ、そうめんなどの「麺類」、チョコレートやキャンディなどの「お菓子類」、お茶やコーヒーなどの「飲み物」……というふうに、スーパーの食品売り場などと同じように分けていきます。

小分類からは自分の持っているものの量に応じてオーダーメイドで

次に「小小分類」に入ります。これはものの量によって変わってきます。

例えば、麺類がかなり多いのであれば、小分類よりさらに細かく分ける必要がでてくるでしょう。

・パスタ
・そうめん
・そば

といったように分類します。それほど量が多くないということであれば、それ以上細かく分類しなくてもいいでしょう。

つまり、どこまで細かく分類するのかは、あなたの持っている量によって決まってくるのです。「自分が何をどれだけ持っているか」を把握できたら、もう分ける必要はありません。小分類よりさらに細かく分類するかどうかの基準はそこにあります。

自分がどれだけ持っているか把握できるまで分けて

缶詰、ビン類、粉もの、飲み物類、豆類、海藻類、インスタント食品、お菓子類……など、自分が持っているものの量が把握できるまで分類する。例えば子供がいる家庭で、おやつが多いならば、「チョコレート」「キャンディ」「ビスケット」などと分けてもいい。

ビン類

海藻類

粉もの

缶詰

インスタント食品

お菓子類

飲み物類

「分類のわからないもの」を作ることで作業のスピードを速めて

分類のわからないものは「わからないもの」でまとめます

小分類を進めていくと、「これは何に入れたらいいのだろう」と迷うものが必ず出てきます。そういうものは迷っていないで、「分類がわからないもの」というくくりを作り、手を止めず、どんどん分類を進めていきましょう。

そうすると、「分類がわからないもの」がたまってきます。たまってくると、そのものの傾向が見えてくるので、自然とどこかに振り分けたり、新しい分類を作ったりできるようになるのです。

例えば、あるご家庭で「分類がわからないもの」にはこんなものがありました。高野豆腐、お麩、くこの実、レーズン、ゆば、ビーフジャーキー……。それぞれを見ると、確かにどう分類していいかわかりませんが、集めて、よく見るとグループ分けができそうな感じがしませんか?

このときは、次のように分類しました。

・実もの→レーズン・くこの実
・お豆腐そのほか→高野豆腐・お麩・ゆば
・そのほか→ビーフジャーキー

同時にかごなども整理していきましょう

ものを分類していくと、今までそのものが入っていたかごや袋などがどんどん出てきます。それをそのままにしておくと雑然とした感じになり、せっかく片付けているのに、散らかっていっている印象にもなりかねません。

そうすると、気分的にすっきりしないので、かごや袋も同時に整理していきます。一ヵ所にまとめ、同じかごは重ねるなど、その程度で十分です。また、これらのかごは分類、厳選が終わり、STEP3の「仮置きする」のところで再度使用する可能性が高いので、捨てずに取っておきましょう。

分類のわからないものはまとめて

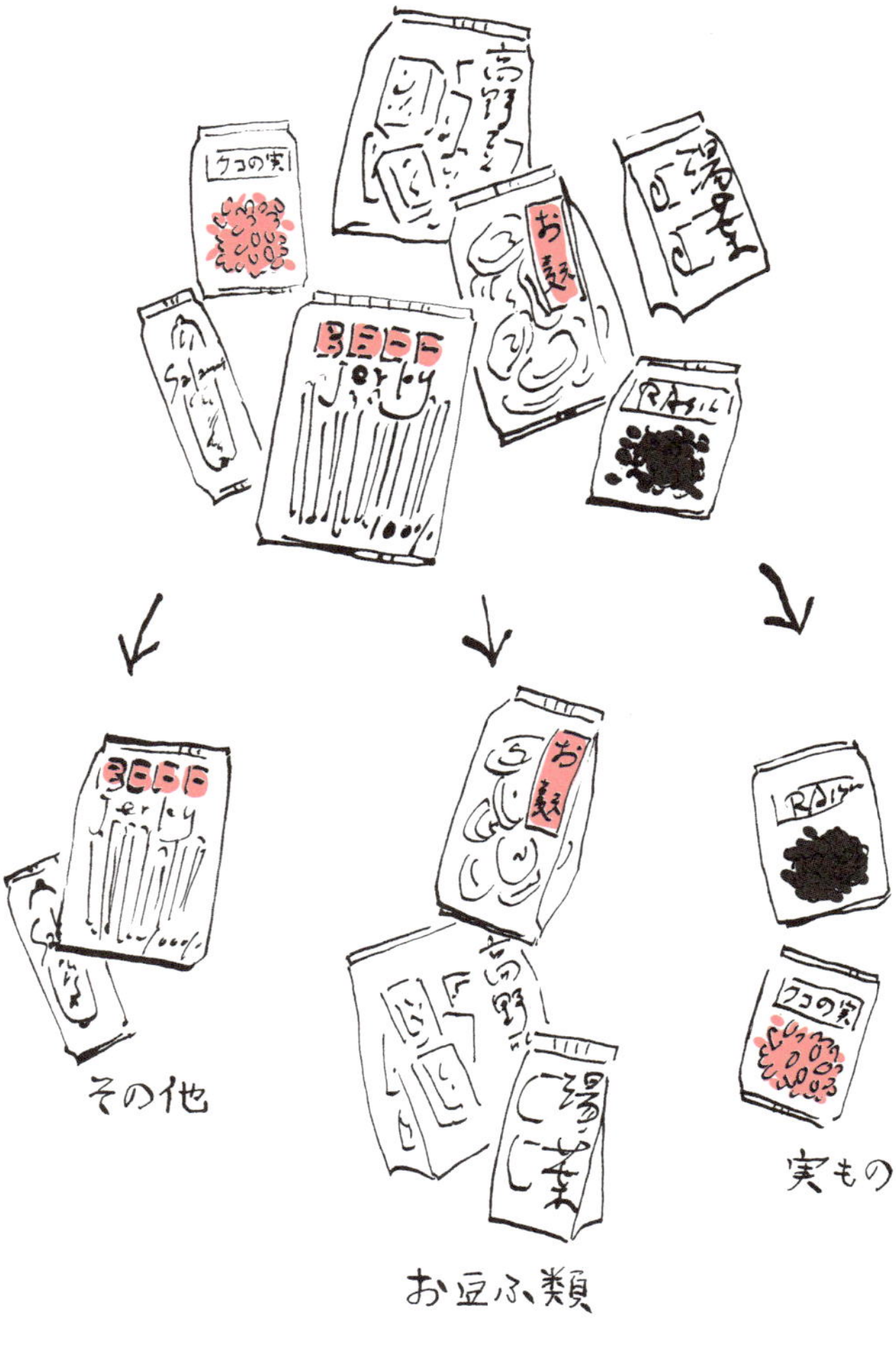

分類する先がわからないものは、その場で手を止めず、「分類がわからないもの」としてまとめる。ある程度集まってくると、その中で、どう分けたらいいのかわかってくる。

分類することで自己分析ができます

点在していたものをまとめてみるとこれだけの利点があります

さあ、分類した結果はいかがでしたか？　自分がいかに多くのものを持っていたかがわかるのではないでしょうか。点在していたものを一旦ひとまとめにすることの利点は次の通りです。

・在庫があるのを忘れてまったく同じものを買っていたり、または似たようなものをいくつも持っていたりという重複を確認できる
・過剰な所有量をビジュアルで自覚でき、自分の買い方の癖を知ることができる
・使っていない死蔵品を再確認できる
・兼用できるものがわかる（例えば、赤・青・緑・黒の4本のボールペンと、4色ボールペンが出てきたとすれば、4色ボールペン1本で済ませることができる）
・使用頻度の高いものと低いものの比較ができる

自己分析はエコにつながります

例えば、携帯の簡易式充電池が山ほど出てきたり、黒のボールペンが30本出てきたとしましょう。「どこか出先でメモを取りたいとき、いつもペンがなくて安いペンをコンビニで買っていたわ」など、自分の購入の癖を知り、「今度からは持ち歩こう」「景品でもらっていたものをもらわないようにしよう」などと自分の行動を改めることができます。

このように、分類は、自分の趣味や好み、買い方をわかりやすく示してくれる、いわば「自己分析」の過程なのです。こうしたことがわかると、ものの買い方を改める、つまり、ものを厳選して購入するようになります。それは、お金の節約にもなりますし、ものの消費が減るので地球の資源のムダ使い防止にもつながります。また、使わないものを寄付したり、再利用するだけでなく、一人一人の買い方を改めることがエコにもつながります。

分類の効果

分類すると、自分がいかに同じようなものを買っていたかや、その所有量の多さに気づく。また、死蔵品、兼用できるものを発見できる。これらは、今まで点在させていたから、気が付かなかったこと。点在させて収納すると、なぜいけないか納得できる。

慣れてきたら上級者向きのものにチャレンジしましょう

書籍の分類に挑戦してみましょう

始めは、文房具、カトラリー、食材など、簡単なものから作業することをオススメしました。そういったもので仮置きまでのステップを繰り返していると、だんだん要領がつかめてきます。そうなったら、上級者向きのものにチャレンジしてみてもいいでしょう。

その筆頭が書籍です。書籍の分類がなぜ難しいかというと、さまざまなジャンルに加え、大きさ、色、厚さもバラバラなため、美しい収納がしにくいのです。

私は、書籍はまずジャンルで分類します。そして似たような内容の本を処分してから、今度はそのジャンルをできるだけ崩さないようにしながら、大きさ別に分類し直します。なぜなら、大きさがバラバラだと、ムダな空間が生まれるからです。

本棚に指定席を決めるときは、各棚の高さを本に合わせて調節しましょう。なお、書籍は、年齢やそのときの心のあり方によって読みたいものが変わってくる可能性があります。ですから、STEP2の厳選では、ほかのものよりも多少基準を甘くしてもいいのではないかと私は考えます。

ちなみに、私は書籍を整理ダンスの引き出しにしまっていました。レールのない引き出しだったので、重たくて出しづらいという難点もありましたが、書籍はどうしても色がばらつきがちで、美しく見えないため、目に触れないところにしまうという意味では効果がありました。

「本に囲まれて暮らしたい」という人以外は、本は扉がついているものにしまったり、部屋に入ってきたときに一番最初に目に付くところには置かないほうがお部屋はすっきりと見えるでしょう。点在はものが増える原因となりますのであまりよくありませんが、私は書庫とベッドの近くにしまってあります。どうしてもという場合は、自分で把握できるようにきちんと指定席を作るなら、点在させてもかまわないでしょう。

悪い例 ①

部屋に入ってすぐ本が目につくところにある。大きさや色、向きなどを無視して、開いたスペースに押し込んでいる。

悪い例 ②

棚板を調節して、文庫サイズ、写真集など大きさ別にしまっているのはよいのですが、ロールカーテンは部屋の美観を大きく損ないますので、絶対に避けましょう。

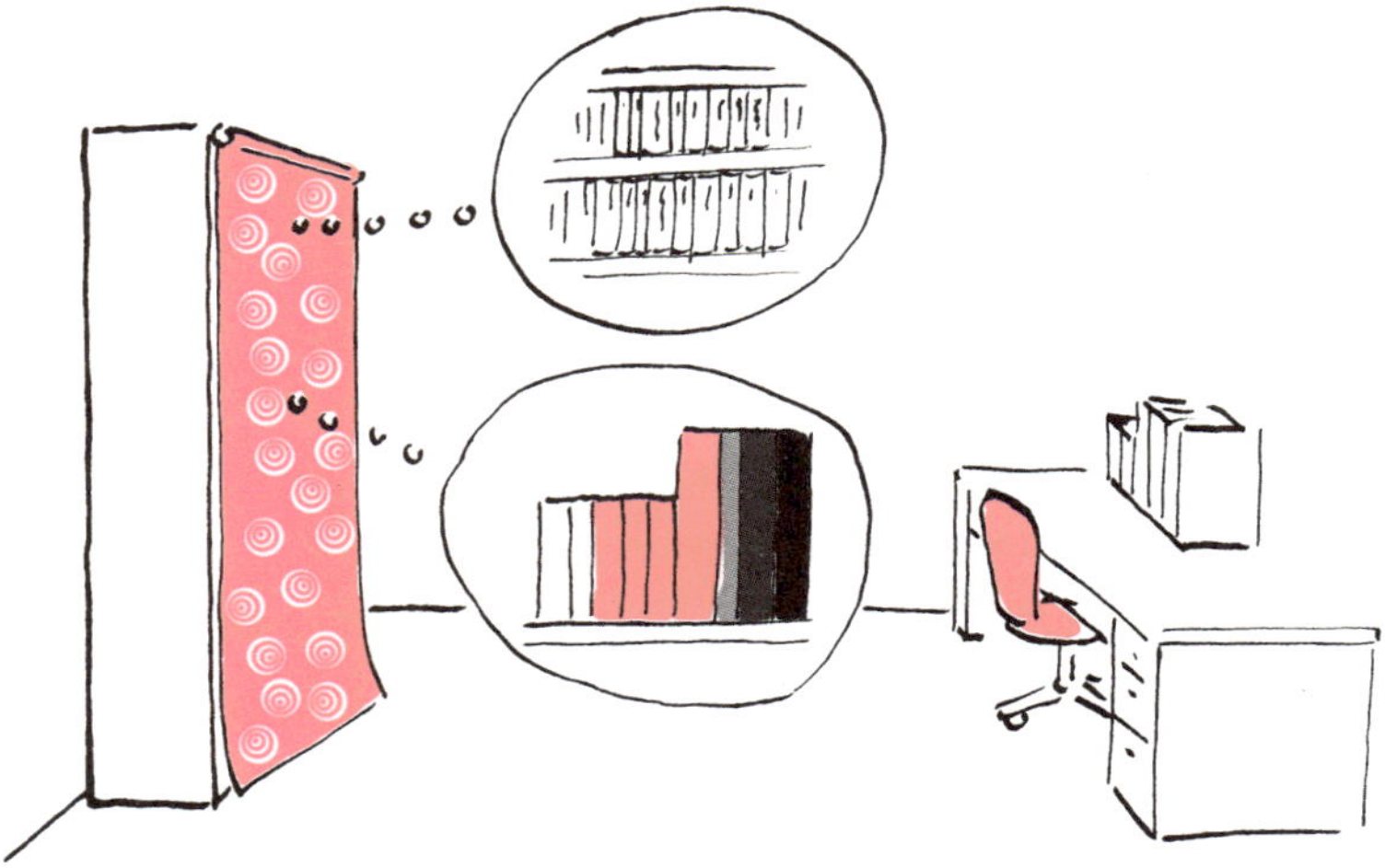

COLUMN
01

「ものを一ヵ所に集めるのは面倒」という方にも簡単にできる分類

分類を行うときに注意したいことがあります。最初は張り切っているので、1日で一度に「全部やってしまおう！」などと考えがちです。でも、朝から始めても、お子様が帰ってきて、途中でまとめて、とりあえずしまい込んで、前よりグチャグチャな状態になってしまうということもありえます。「急がば回れ」という言葉があるように、例えば食に関するものの分類を行う場合なら、今日はふきんやランチョンマットなどのリネン、来週は調味料など、一つか二つの中分類を少しずつやっていきましょう。また分類の前には、家の中にある関連するものを全部出し、一ヵ所に集めますが、時間がない場合は省いても大丈夫です。たいていの方は、置かれている場所が大きく違っているわけではなく、食器の中に食品が入っていたり、調理器具が入っているなど、「決め」が甘いだけのことが多いものです。そのエリアを見て、一番多くの面積を占めているもの、例えば調理器具なら調理器具をそのスペースに集めましょう。そうすれば、ものの重複や過剰に所有していることなどに気が付くことができます。分類の段階では、きれいに置くことは考えなくてOKです。ご紹介している方法はあくまでも基本ですので、ポイントを押さえれば自分のスタイルに合わせ、やりやすいようにアレンジしても構いません。気軽に始めてください。

STEP 02

厳選する

STEP 02

厳選する

厳選とは自分の愛しいものを選ぶ作業です

収納というと、みなさま「まず使わないものを捨てなければならない」と思っていらっしゃるのではないでしょうか。そして、そのときの美しさは今も変わらずに続いていますか？「いいえ」とお答えの方は、処分の前に、ものが増えてしまう原因を考えてみましょう。それを知らずに処分をしていても、一時的にものの量は減りますが、またすぐに増えてしまうからです。美的収納を行うと、ものがやたらと増えることはなくなります。なぜならものを手放すまでに、今までの原因とこれからの対策を自然と考えさせられる仕組みになっているからです。

みなさまに最初にしていただく分類作業で、「山ほどのペン」「山ほどのタオル」など、「〇〇の山、山、山！」に驚いて頂きます。これはその山を見て、自分の買い物にはどんな癖があるのか、そして点在がムダなお買い物を生むことを知っていただきたいからです。

また、美的収納では、捨てることよりも「厳選」することにポイントを置いています。厳選の際には、まず「大好きなもの」、「必ず使うもの」を選び取ります。次に、「不要なもの」を選択します。そして最後に残ったのは「迷うもの」。この「迷うもの」をあぶり

出す作業が「厳選」です。なぜ迷うかを考えていくと、ご本人の悩みや弱さ、買い方の癖、憧れなどが浮かび上がってきます。迷う原因を明確にして決着をつけていくなかで、選ばれたものと選ばれなかったものを見比べてみましょう。選ばれたものはきっと自分の抱くゴールイメージや、使い勝手のよさや、好みを反映しているはずです。例えば、食器の場合、どんなお皿を残したかによって、自分の食生活や食に対する考えがわかりますし、どんな本を残したかによって、自分が何に興味や悩みがあるかがわかるでしょう。

「自分にとっての愛しいもの」というのは、ジグソーパズルのようで、最初はあいまいですが、この方法をくり返すと徐々に輪郭、基準が見えてきます。

自分の愛しいものに囲まれる生活をしていると、美意識もどんどん高まり、「自分にとっての本物」「愛しいもの」を見出す審美眼も磨かれ、ますますものを厳選できるようになります。

「使う」「使わない」という使用頻度だけでものを処分するとシンプルにはなりますが、「美しくあたたかくあなたらしい家」にはならないでしょう。

人生の残り時間を考えたことがありますか？

「余暇」を計算してみましょう

突然ですが、あなたはあと何年生きられると思いますか？　ここで問いたいのは寿命ではなく、あと何時間好きなことをできるか、ということです。

私たちは、例えば、働いている方であれば、通勤時間、労働時間、主婦の方であれば、家事・育児、学生であれば学業、そのほかにも、入浴、睡眠など、雑多なことに時間を取られています。

それらを24時間から引き、あと何年生きられるかおおよその年齢を掛けてみると、自由に過ごせる時間が割り出せます。

左のページの計算式に合わせて、計算してみましょう。自由時間の残り時間は自分が思っていたよりもぐっと少ないと思いませんか？

しかし、収納によって、日常の雑事やものを探す時間は減らして自由時間を増やすことができます。最初にお話ししたように、それが収納本来の役割ですから。

残り時間にやりきれないものは処分してもいいのでは？

さて、STEP2は「厳選」ですが、選ぶ基準においてもこの残り時間の感覚は重要です。例えば、「いつか読もう」と思って取っておいている書籍や雑誌の切り抜き、あなたの残りの自由時間を考えたら、本当に読むときが来ると思いますか？

洋服やアクセサリーもそうです。「いつか着られるかもしれない」と思っている一度も袖を通したことのないドレス、その「いつか」は一体いつ来るのでしょうか？

処分するということは、エネルギーを使います。特に高価なものはそのエネルギーが大きいのです。でも、このように、自分の残り時間と照らし合わせて考えると、意外と答えはあっさり出るのではないでしょうか。このことを頭の片隅に入れて、厳選を始めてみてください。

人生の残り時間を計算してみよう

Q1　家事・育児・仕事（身支度、通勤時間含む）の時間は
　　1日平均何時間？
A1　＿＿＿時間……（ア）

Q2　生理的絶対時間（食事・入浴・睡眠）は1日平均どのくらい？
A2　＿＿＿時間……（イ）

Q3　何歳まで生きられると考えているか
A3　＿＿＿歳……（ウ）

Q4　現在の年齢は？
A4　＿＿＿歳……（エ）

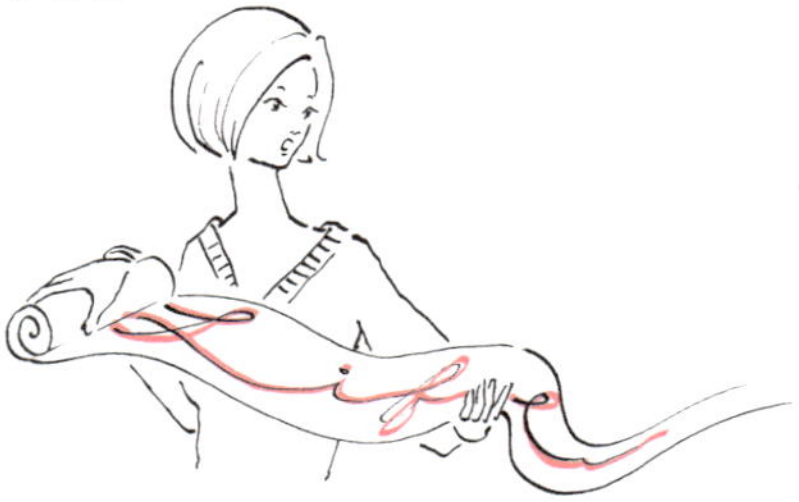

以上のデータをもとに計算

① 1日の自由時間（時間）＝
24時間－（ア）＿＿＿時間－（イ）＿＿＿時間－0.5時間（※）

※収納が不得意な方は1日平均30分、ものを探す時間に使われているといわれているため、その分の時間がさらに引かれる。

② 生存残日数（日）＝（ウ）＿＿＿歳－（エ）＿＿＿歳×365日

③ 残りの自由時間（時間）＝①＿＿＿時間×②＿＿＿日

④ 残りの自由時間（年）＝③＿＿＿時間÷24時間÷365日

「いつか読もう」、「いつか使おう」と考えていることは多いが、その「いつか」はどのくらいあるのか。実際計算してみると、その「いつか」は一生のうちわずか数年分しかないことがわかる。実際には、この計算した時間以外にも、家族との団欒、友人・知人との交際に多くの時間が使われている。使いたいものがすぐ使える状態にものを収める正しい収納をしていないと、貴重な時間はますます失われていく。

厳選とはどういうことか考えてみましょう

必要なものの基準はあなた自身が作りましょう

例えば、文房具の分類をしたとしましょう。家中のボールペンを集めたら、仮に30本あったとします。私は「何本捨てなさい」とは言いません。それはその人それぞれの基準があり、その人らしさが出るからです。半分捨てて快適になるか、29本捨てて、1本で快適になるかは人によって違うのです。すべて取っておきたいというのならその理由を明確にしましょう。また、最初は捨てられなくてもいいのです。頭で考えるとわかりませんが、家の中が分類され、システムが整ってくると、何本使っているかがわかるため、残す本数も体感できるのです。

ちなみに、私はペンに関しては、リビングなどに出しておける飾って美しいボールペン、ラインストーンのついたお気に入りの持ち歩き用ボールペン、2色で1本の蛍光ペン、油性マジック2色、鉛筆の6本しか持っていません。これも何度かの取捨選択の後にたどり着いたものです。マジックや蛍光ペンなどは機能性重視で購入していますが、鉛筆は1260円という鉛筆にしては高価なものを使っています。かわいらしい王冠がついていて見ているだけで幸せな気分になります。私にとっての「愛しくてたまらない」鉛筆なのです。

必要なのはものを「減らす」ことではなく自分の愛しているモノを見出すこと

収納に必要なのは、「捨てる」などして、ものを減らすことをが第一と考える人がいます。確かにある程度ものは捨てるのですが、ものを減らすのではなく、「愛着の持てるものを選ぶ」ということだと考えてください。自分が愛しているものであったり、大切に思えるものを選ぶということ。つまり、20ページでお話しした「自分にとっての本物選び」なのです。

処分の基準

30本のボールペンがあったら……

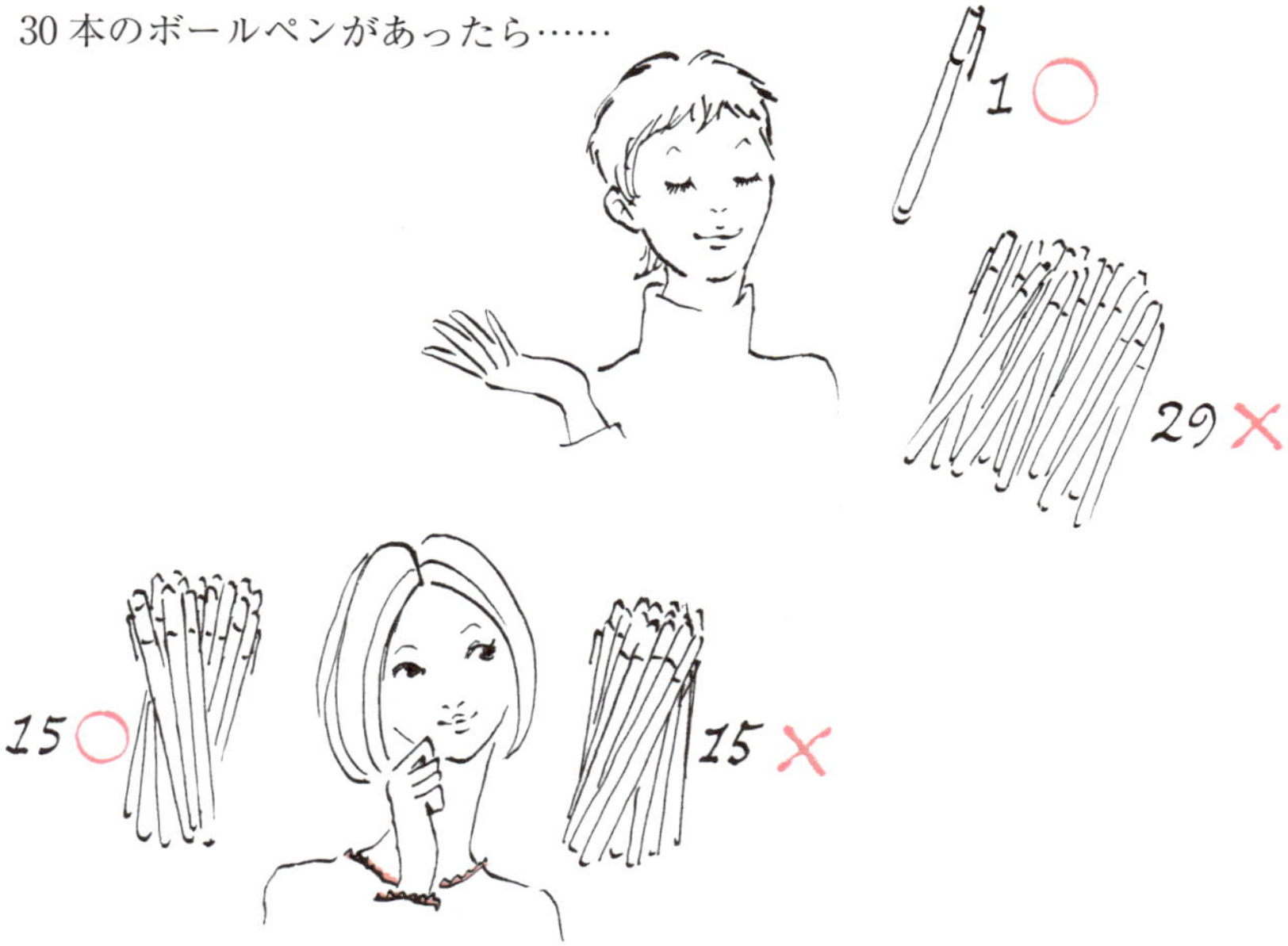

1本だけ残しておけばOKという人、半分は残しておきたいという人、ダイニングや電話などの近くに置いたり、持ち歩き用に30本取っておく人など、人によって基準はさまざま。「もったいないから」というだけでなく、取っておく理由を明らかにすることが処分の基準を決めるうえでは大事。

厳選の基準は「残すことにストーリーを語れるか」です

使っていないものでも取っておいていいのです

前のページで、「必要なものの基準は自分で作りましょう」と申し上げましたが、最初から自分の基準を見出すのは難しいかもしれません。では、私が普段お客様に何を基準にしたらいいかお伝えしているかと言うと「具体的にストーリーを語れますか」ということです。

愛おしいもの、使用頻度の高いものは判断がたやすいと思いますので、使用頻度の低いもの、迷いやすいものを判断するときの私の基準を紹介します。

①……「いつ、どんなふうに使いたい」という具体的なスケジュールや、イメージがわいてくる場合

②……具体的なスケジュールがわかっていなくても「部屋がきれいになったらぜひ使いたい」などの夢がある場合

③……思い出の品などメモリアルのものは、そのときのストーリーや想いを語れるくらいの場合

こういう場合は、取っておいていいと思います。基本的に処分する・しないは、使用頻度によるところが多いですが、今使っていないものも、この場合は取っておいていただきます。

ストーリーが語れればいいのです。

迷ったときは、これを目安に自問自答してみましょう。きっと判断が楽になるでしょう。

使いたいと思うかどうかがポイントです

暮らしが変わると美意識が高まって、今まで使っていなかったものが使えるようになることがあります。特に、食器やインテリア、洋服、メイク用品など、自己表現に関するものはその傾向が強いようです。大切なのは、本当にあなたが「使いたい」と思っているかどうかです。

こんなときは取っておいてもOK

使う予定がある

子供が成長したら使いたいお気に入りのグラスなどがここに含まれる。

いつか使いたい

インテリア雑貨など、自分のゴールイメージに近く、部屋がきれいになったら使いたいと思っているもの。

使いこなし方がわからない

好きだけど着こなしのわからない服が代表的。また、キャンドル立てやランチョンマットなどテーブルコーディネートに関するものなども使ってみたいけれど今の食卓には合わないなど、使いこなせないという人は多い。

残すものを選ぶには5つのポイントを心がけて

処分するものは使用頻度だけで決めないで

前のページでご説明した「ストーリーを語れるかどうか」ということを、もう少し具体的にお話しすると、次の5つになります

①使用頻度……現状で使っているもの、例えば毎日使っている食器など、使用頻度が高く、使用していて特に支障のないものは当然ながら取っておきます。使う予定のティッシュなどの消耗品もここに入ります。

②基本アイテム……昔から伝統的に残っているものは、使いやすいなど、何らかの理由があります。左ページにキッチン周りで基本アイテムとされているものの例を挙げてみました。例えば、「今は忙しくてゴマをすっている時間がないから」とすりこぎ棒を捨てる方がときどきいらっしゃいます。しかし、収納が変わると暮らしが激変し、いろいろなものに手をかけられる「ゆとり」が生まれます。今まで使っていなかった調理器具を使うことも多いので、処分するときはよく考えてください。

③美しくするもの……68ページでも触れましたが、自分自身を美しくするファッションやメイク用品、家を美しくするインテリアや、食器などのテーブルコーディネート関連のものは使う頻度が低くても、使いたいと思うものは取っておきましょう。ただし本当に美しくなるかどうかをじっくり考えてください。

④自分が幸せな気持ちになれるもの……例えば、何かのコレクターのように、自分がそのものを見ていて幸せな気持ちになれるのであれば、使用頻度が低いとしても捨てる必要はないでしょう。

⑤リフォームできるもの……例えば、気に入っているけれども、サイズなどを調節しないと着られない服などです。ご自分が着られなくても、お子様のためにリフォームしてあげることもできます。ただし、お金や手間や時間をかける価値が本当にあるかをよく考えましょう。

基本の調理器具

生活に余裕がないときは、料理に手をかけている時間がないもの。だからといって、基本の道具を「使わない」と思って捨ててしまうと、収納が整って、時間に余裕が生まれたときに、手をかけようにも新しく買いなおすことに。昔からある基本の道具は取っておいて。

切る

自分の手になじみ、使いやすいものを

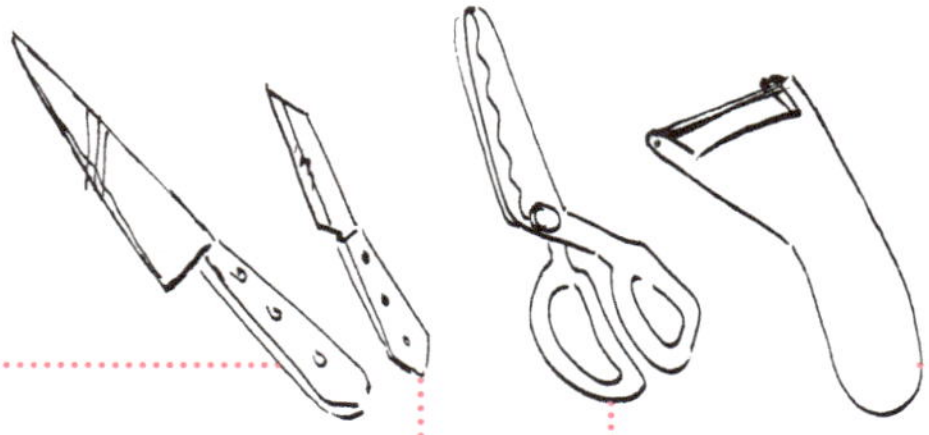

牛刀
幅が狭いものが使いやすい

出刃包丁
肉や魚の骨まで切れる

キッチンばさみ
のりや昆布、唐辛子などを切るときに便利

皮むき器
皮むきだけでなく、薄切りなどにも使える

洗う・ひたす・こす

目的にあわせて使い分けられるように
大・中・小とそろえておくと便利

万能こし器
柄の付いたタイプが便利

ボウル
電子レンジに使える耐熱ガラス製と、湯せんに使えるステンレス製の両方あるといい

ざる
竹製と金ざるの2タイプあるといい

バット
肉や魚に下味をつけたり、揚げ物の衣をつけたりする

はかる

調味料や材料をはかると料理も一段とおいしく。
シンプルで見やすいものを選んで

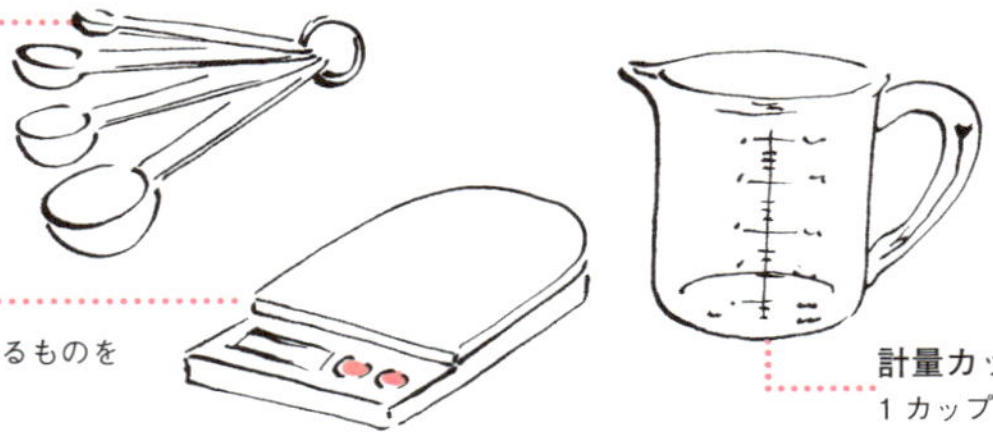

計量スプーン
大さじ、小さじ、小さじ1/2があるとよい

はかり
最大1kg計れるものを

計量カップ
1カップ200mlのものを

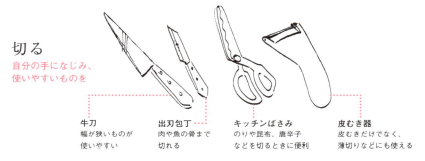

する・すりおろす 力を入れる作業なので、安定感のあるものを選んで

すりこ木
ごまをするときに
すり鉢
やや大きめのもののほうが安定する
おろし器
受け皿の付いたものが便利

つかむ・刺す・拭く 細かいものだが必需品。安いので気に入ったものを

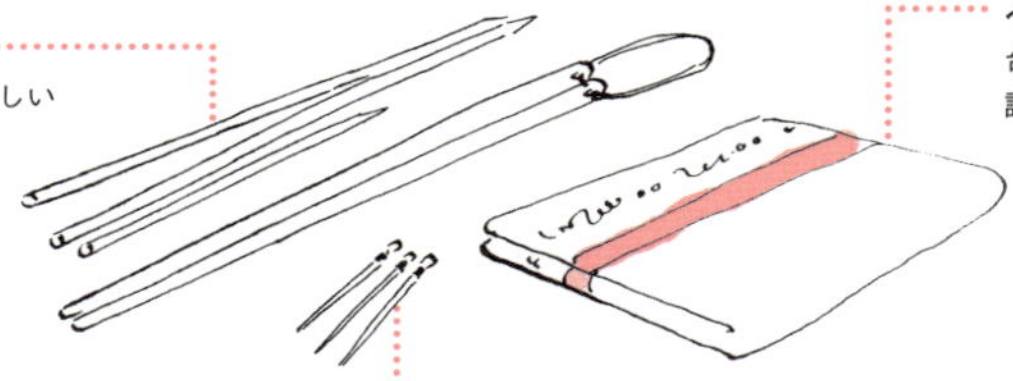
菜箸
2～3組は欲しい
ふきん
台ふき、皿ふき、調理用など分けて
竹串・ようじ
えびの背わたを取るなどの下ごしらえにも

煮る 材料や煮汁の量に合った鍋を選ぶとおいしい煮物が作れる。アルミホイルなどでも代用できるが落としぶたもあるといい

両手鍋
浅めと深めがあるとよい
行平鍋《ゆきひら》
大・中・小とそろえたい
玉じゃくし
煮物用、味噌汁用と、2本は欲しい
穴あき玉じゃくし
溶き卵をまわしいれるのに便利
アクすくい
網目の細かいものを

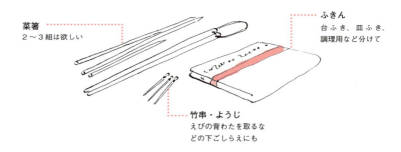

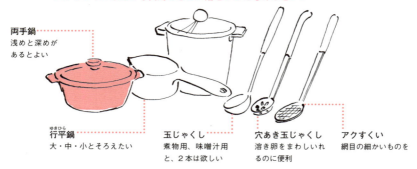

蒸す　2段式や中敷付きなど、かさばるが必需品

蒸し器
下段に湯をいれ、上段で蒸すタイプや、竹製の中華せいろなどがあるとよい

揚げる　高温の油を使うので、やけどしないように安定感があり、使いやすいものを

油こし器
手入れがしやすい形状のものを選んで

揚げ鍋
鉄製のものは熱が下がりにくい

揚げ網
ステンレスのものは熱に強い

焼く　素材に均一に熱が伝わるものを選んで

卵焼き器
だし巻き卵を作るときに

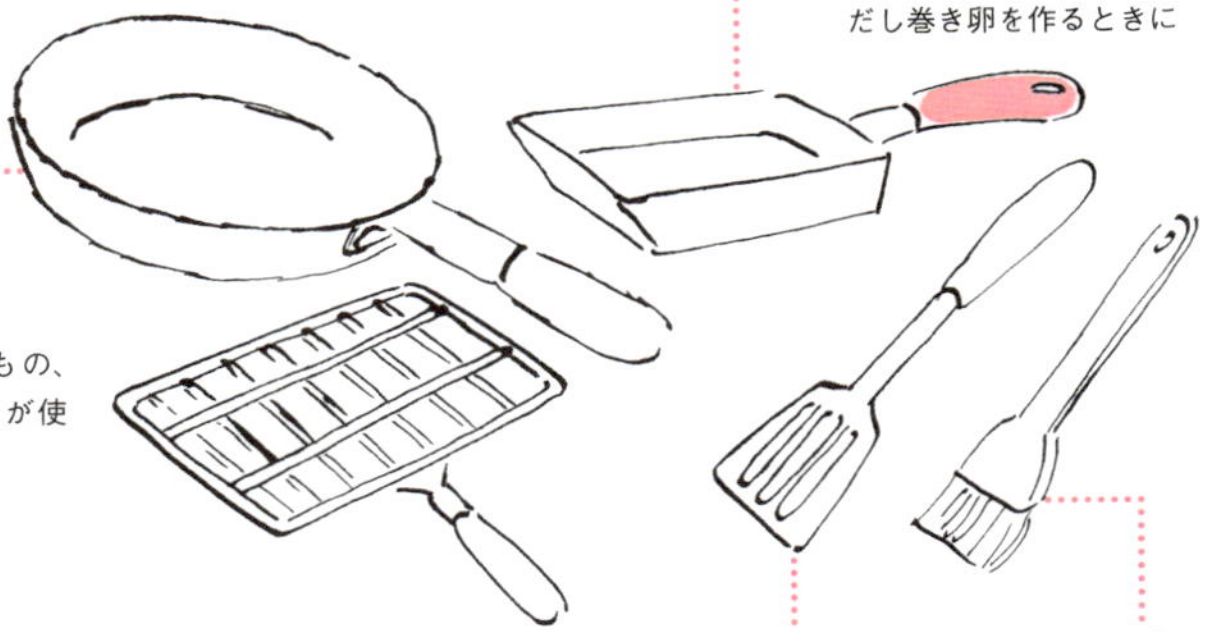

フライパン
フッ素加工のもの、ふた付きのものが使いやすい

フライ返し
フッ素加工されたものがベター

はけ
魚の照り焼きなどに

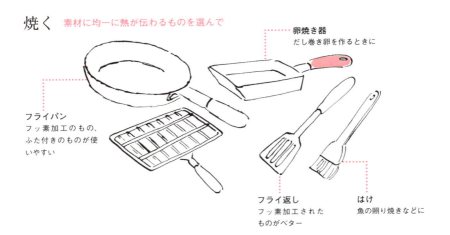

「処分するか迷っているもの」というカテゴリーを作らない

いつも使うものと比較できる場所に置いておきましょう

よく、処分を迷っているものをダンボールに入れて保存し、一定期間を置いて処分を決定する方法がありますが、私はオススメしません。よく使うものと一緒に入れておかないと、「使わない」ということを目と心で理解して処分するということができないからです。

美的収納を行っていくと周囲はずいぶんと変わって、美しくなっています。あなたの美意識、審美眼も大きく変わっていくことでしょう。その目で改めて取っておいたものを見ると「こんなもの、どこに置くの?」と思うものもあるでしょうし、使わないものもわかるようになります。

このように最初に処分できなかったものもスムーズに処分できることがよくあります。分類さえしておけば、最初は無理に捨てなくても大丈夫です。

迷ったら分類した状態のままで時間を置くという方法も

ストーリーは語れないし、使用頻度も高くないけれど、捨てる決心がつかない、というケースもあります。それは、取っておいてもいいでしょう。

ただし、前提として、分類しておく必要はありません。なぜなら、分類をしなければ何も変化が起こらないからです。STEP3の「仮置きする」で詳しくご説明しますが、分類したものはなるべくその分類を崩さずにスペースに収めるのが理想です。処分する決心がつかないものは、そういうカテゴリーでまとめるのではなく、必ずその分類と一緒に仮置きしましょう。そうすると「ここにこれがなければ全部入るのに!」というケースも起こりえます。その場合、使用頻度の低いものに目がいくので、捨てるきっかけになる場合もあります。そのことを考えても分類は大事だといえます。

処分に迷っているものは？

処分を迷っているものをダンボールにしまうなどすると、その存在を忘れてしまったり、ほかのものと比較できないため、「使わない」ということを目で認識できない。

分類をしたうえで、必ず普段使っているものと一緒に入れておくこと。使っているうちに、「なんだか雰囲気が合わないなぁ」と自覚できる。また、イラストのように、素敵なグラスが出てきた際に、「これを食器棚にしまいたいけれど、何か処分したい」と思ったら、迷っているものをすぐ処分できる。

それでも処分に迷うものがある方へ

処分を迷うものの多くは人間関係が絡んでいるもの

処分したいのに、処分できないものというのがあります。例えば、お義母さんから頂いた飾り物や、お友達の結婚式の引き出物などがその類に属するでしょう。それがないと人間関係に支障を来たす場合、普段はしまっておいて、その方がご自宅にいらっしゃったときだけ飾るなどすればいいと思います。

それでも、自分のゴールイメージとあまりにテイストが合わない、プレゼントされる回数が多いなどの場合は、とにかく住まいを早く自分のゴールイメージに近づけてしまいましょう。相手の方を「ここでは飾ってもらえないわね」と無言で納得させるのです。

勇気を持って、一度飾らないで様子を見てみるという方法もあります。一見冷たいようですが、頂いたものを心から喜ぶことがお互いに嬉しく、本当の優しさではないでしょうか。

ストーリーがきちんとあれば処分をしても後悔しない

お客様に「処分して後悔したことは？」とうかがうと、たいていの方は「ある」と答えます。ただ「1～2％の後悔より、不快な生活をしないで済む快感のほうが大きいから、後悔も気にならない」とおっしゃいます。

それでも不安な方もいらっしゃるでしょう。捨てても後悔しないコツは、徹底的に分類して自分を分析すること。そして、ものを減らすために捨てるのではなく、ゴールイメージに合わないものを除くことです。

残すのにもストーリーがいるように、納得して処分するためにもストーリーが必要です。ストーリーがないと後悔します。お別れのストーリーをきちんと語れれば、たとえ初めのうちは後悔しても「今はそう思うけれど、もっといいものに必ず出会える」と思えるようになるはずです。

ゴールイメージに合わないものは？

自分のゴールイメージに合わなくても、お義母さんにもらった飾りなどはなかなか処分できないもの。お義母さんが来るときだけ飾るという手もあるが、早く住まいをゴールイメージ通りにしてしまえば、飾っていなくても、その家にふさわしくないと、お義母さんも納得してくれるはず。

本当に「もったいない」とはどういうことでしょうか

質の高いものはあなたの五感を磨きます

頂き物のブランドの食器類やグラスなどを、「割れてしまったらと考えると、もったいなくて使えない」という方がよくいらっしゃいます。私はそのとき、「本当にもったいないのはどういうことだと思いますか？」と問います。

高価なもの、質の高いものを使うと、五感が磨かれます。特に、直接肌に触れるものはそうです。

例えば、それがバカラのグラスだとしましょう。バカラのグラスは、唇に当たるグラスの触感が違います。唇に沿う薄さに、飲み物の味もクリアに感じ取れます。割れてほしくないので、丁寧に扱おうと思うもの。すると自然に、持つ手のしぐさや、テーブルに置くときの置き方も丁寧になります。丁寧な扱いは見た目にも上品に映りますので、端から見ていても気持ちのいいものです。また、自分自身を磨くことにもつながります。もちろん、使い終わった後の洗い方や磨き方にも変化が出てくるでしょう。大事にしよう、きれいにしよう、手入れをしようと思いつつ使って、初めてそのものに息が吹き込まれるのではないでしょうか。

ものは使ってこそ価値が出ると言います。自分の残り時間を考えて、「いつか使う」の「いつか」がいつ来るのかをよく考えてみましょう。

ただし、これはあくまでも、子供のいない私の基準です。お子様がいらっしゃるお客様で、普段はお子様の手の届かないところにバカラのグラスを置いておき、お子様が就寝した後に、ご夫婦でアルコールを楽しむという方もいらっしゃいました。

また、メモリアルのもので、ご自分たちの名前入りのバカラのグラスを持っている方もいらっしゃいました。「割れたら嫌だから使わない」とおっしゃられていましたが、それはもっともです。そのようなものは、飾って楽しむという価値があるでしょう。

もったいないのはどちら？

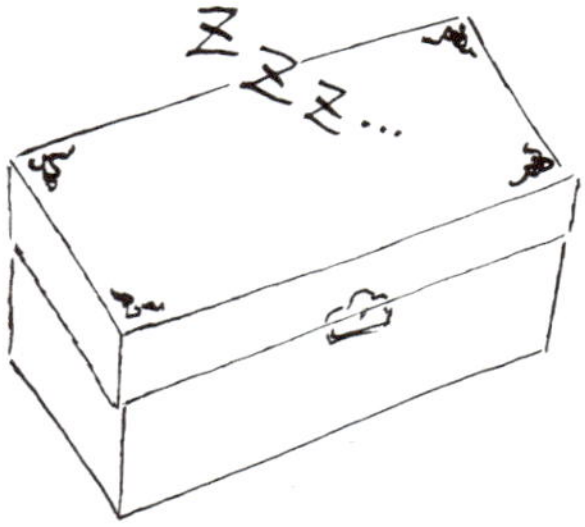

例えば、高級なグラス。「割ってしまうのはもったいないからしまっておく」という人もいる。でも、丁寧に使うことで、そのグラスに対する愛情も深まり、自分自身の食卓での振る舞いも丁寧に、美しくなることを考えると、本当にもったいないのは使わないことでは？

何らかの事情で使えない場合は……

子供が小さい家庭で普段使いしていると、グラスなどは割れる可能性が高い。そんな場合は、ガラスの戸棚などにしまって、「見て楽しむ」という手段をとったり、子供が寝静まってから、夫婦でアルコールを楽しむのに使ったり……。箱の中に入れて、押入れにしまっておく以外にも方法はある。

分けてから処分をすると、購入の仕方が変わります

買い方を変えることこそ本当にものを大切にすること

さて、みなさま、どのくらいのものを処分し、「自分の本物」を見出すことができたでしょうか？　分類した時点で、あまりの量に自分がおろかに思え、愕然とされる方もいらっしゃいます。

ただ、なかには、ものを捨てることを「ものを大切にしていない」と思う方もいらっしゃるでしょう。

だからといって、捨てないことがものを大切にすることにつながるのでしょうか？　私は違うと思います。

私は、捨てないことより、まず自分の買い物の癖を認識し、今後の買い方を変えていくことが本当の意味で「ものを大切にすること」だと考えています。ムダなものを買わないということは、地球規模で考えれば、地球の資源のムダ使いを防止することにつながるからです。

家はものの集合体、ものは心の表れです

また、ものを大切にするというのは、美的収納の基本でもあります。

愛しい家には愛しいと思うものしか入れたくなくなるものです。そうなると、購入するときに、ものと真剣に対話し、よく吟味するようになります。質のよいものを選ぶようになり、美意識や審美眼も磨かれることでしょう。厳選された「自分自身の本物」は、大事にし、手入れをし、できるだけ長くつき合おうと思えます。

つまり、ものはあなたの心の表れなのです。そうしたものの集合体が家となります。愛しいものに囲まれた空間は、あなたやご家族の心に幸福感を生み出します。頂き物を渋々置いていたときや、安いからと買ってきたものがあったときと、住まいの空気が変わってきませんか？　それはゴールイメージに一歩近づいた証拠です。

迷う理由をクリアにする8つのポイント

厳選の作業をくり返すと、今まで気が付かずにいた、ものに対する憧れやこだわり、使い勝手のよさなどが明確になってくる。そうなると買い物の仕方にも変化が表れる。ただ、厳選・処分の判断がつかないものには、何かしら迷う理由があるはず。次の８つの質問を自分に問いかけて、考えてみて。

- □ なぜ、使わないのか？
- □ なぜ、手放せないのか？
- □ いつ、どのように使うか、具体的なイメージはあるか？
- □ それを手放すと困ることはあるか？
- □ それに代るものはないか？
- □ それを手放すと、どのような後悔が残るか？
- □ それを持っていると、どのようなメリットがあるか？
- □ それを手に入れた目的は何か？

リサイクルやオークションを上手に利用しましょう

差し上げたり、お売りするのも「処分」の一つの方法です

処分が決まったものの中には、まだ使えるものや、高価なものなどが混ざっていて、捨てるにはしのびないものもあるでしょう。それらは、リサイクルショップなどへ売却するという方法もあります。電話1本で引き取りに来てくれる業者もあるので活用しましょう。

リサイクルショップで買い取ってもらえなかったものでも、フリーマーケットやネットオークションで売れることもあります。自分でネットオークションに出品できない方でも、代行業者がありますので、利用を考えてみてもよいでしょう。最近ではスマートフォン上でできるフリーマーケットのアプリなども登場しています。エコロジー的な観点から見ても、再利用は有効ですし、上手に取り入れたいものです。

ただ、どんなものも購入金額と売却金額には大きな差があるので、購入時に吟味したいものです。「いつでも売れるから……」という気持ちは考えもの。

また、売却することだけが処分の方法ではありません。ほかの方へ差し上げたり、寄付したりするのも一つの手段です。身体障害者施設で、寄付されたものをご自分たちで修理などを施し、バザーなどで売って活動資金に当てている団体もありますし、衣服や書籍などを集めているボランティア団体もあります。少しでも社会の役に立てるのは、ただ捨てるよりも気持ちのいいものです。

家具などは、色を塗り替えてもらい、ゴールイメージに近いものにリフォームすれば再び使えます。新しい命を吹き込むというのも、処分の一つと考えていいでしょう。捨てることに抵抗がある方は、自宅の前で「ご自由にお持ちください」と張り出して品物を並べ、差し上げてしまうのも一つの手です。どこかでどなたかがまた大切に使ってくださっていると思うと、やはり嬉しいものです。

リサイクル方法

リサイクルには、フリーマーケットやオークションなど、さまざまな方法がある。次に挙げるものを参考にして、上手にリサイクルしよう。

フリーマーケット

リサイクル運動市民の会	☎ 03-3226-6800 （10:00 ～ 12:00、13:00 ～ 16:00）	全国のフリーマーケット開催情報 http://www.recycler.org/
東京リサイクル運動市民の会	☎ 03-3384-6666	明治公園、西武ドーム、大井競馬場など、東京近郊のフリマ開催情報 http://www.trx.jp/
日本フリーマーケット協会	☎ 06-6578-3333	関西地区のフリーマーケット情報 http://www.freemarket-go.com

オークション

ヤフーオークション	http://auctions.yahoo.co.jp/	出品する場合、参加料、出品システム利用料がかかる。落札されたときのみ落札システム利用料が落札価格の 5% かかる。個人の出品が多く、閲覧者も多い。
楽天オークション	http://auction.rakuten.co.jp/	楽天市場が運営。出品にかかる費用はゼロ。個人も出品できるが、お店の出品が多い。

ものを取っておくには必ず器が必要なことを忘れずに

ものを取っておくには
その分、毎月お金がかかります

捨てられずに迷っているものがあるとき、それは取っておいてもかまわないと申し上げました。

しかし、ものを取っておくというのは必ず器が必要だということは忘れてはいけません。器とは、STEP4で詳しくご説明いたしますが、小さなものでは箱やファイル、大きなものだと家具、さらに大きなくくりで考えると、家（間取り）がそうです。例えば、納戸のスペースがおいくらか考えたことがありますか？

また、仮に4部屋で4千万円の家だとし、1部屋を物置に使っているとしたら、使うか使わないかわからないものに1千万円を費やす価値はありますか？　そこを見極めるのは大切です。

例えば、思い出の品などは、ストーリーを語れるので取っておけますが、その品が積もり積もって家具を一台買わなければならなくなることもありえます。子供さんが使ったランドセルなどかさばるものは、惜しい気持ちはわかりますが、現物でなく写真でもいいのではないかなど、よく考えてみてください。

取っておくだけの
費用対効果があるか考えて

処分のところで、フリーマーケットやネットオークションでの売却を例に挙げましたが、これも、売れるまでのスペースを確保するには、器やスペースが必要です。例えば、フリーマーケットならば、春の時期には春夏物の衣服が中心に売れますし、秋には秋冬物が売れます。その時期まで取っておいたり、売れ残ったものをまたほかの機会に売ろうとする場合、器にかかるお金と利益を比べてみてください。

オークションも、写真を撮って、掲載して、発送して、と手間隙がかかります。そこまでの費用対効果があるのかを考える必要があるでしょう。

自分に合わない器は処分も考えて

器とは、ものをしまうすべてのもの。例えば、ネクタイ掛け一つとっても、イラストのようにたくさんの種類がある。器は処分するのにエネルギーがいるものの一つ。でも、自分の性格や使い勝手などを考慮して、STEP3の仮置きでうまくいかない場合は今ある器を思い切って処分することも考えて。

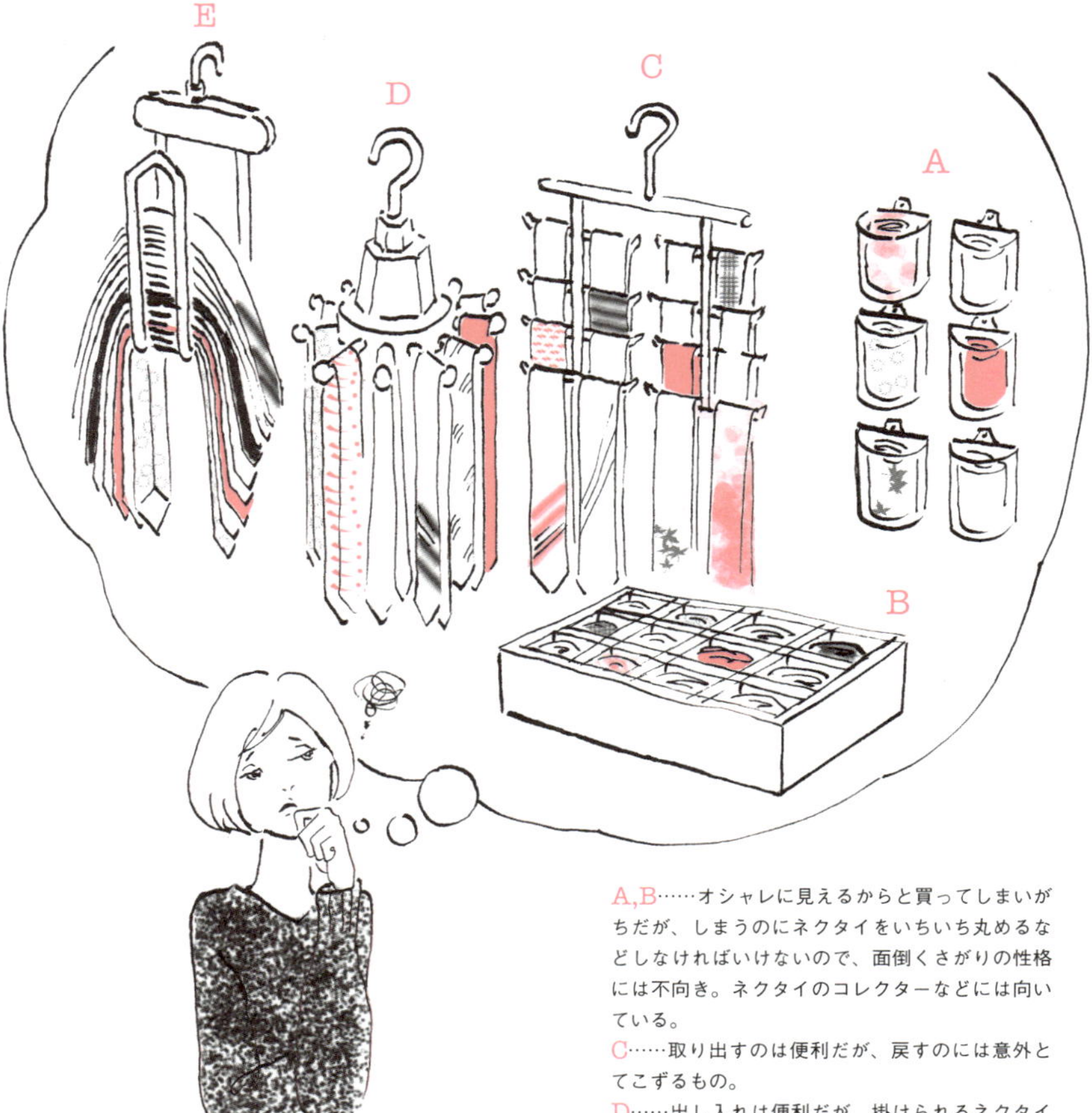

A,B……オシャレに見えるからと買ってしまいがちだが、しまうのにネクタイをいちいち丸めるなどしなければいけないので、面倒くさがりの性格には不向き。ネクタイのコレクターなどには向いている。
C……取り出すのは便利だが、戻すのには意外とてこずるもの。
D……出し入れは便利だが、掛けられるネクタイの数が決まってくる。
E……見た目はAやBのようには美しくないが、出し入れが簡単で本数が増えても対応できる。

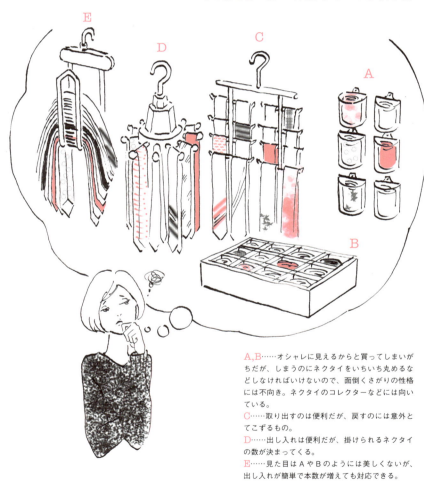

COLUMN
02

消えてなくなるものこそ、ご自分の基準を定めましょう

私がお客様の家で作業をするとき、一番最初に手をつけるのが食材です。食材は賞味期限があるので、処分するかしないかの判断がお客様もわかりやすいという理由もあります。

ただ、みなさまそうなのですが、処分する量のあまりの多さに悲しくなります。食材はそれほど高い買い物ではありませんし、ついつい買い込んで、たまってしまうのでわかるのですが、消耗品こそ、自分のこだわりや基準がないと限りなく増えてしまうアイテムです。

私はお料理は得意ではありませんが、上手な方と食のお話をさせていただくと、みなさまやはりお料理にもゴールイメージや、その方らしいこだわり、「厳しい目」をきちんと持っていらっしゃる印象を受けます。そしてレベルの高い方ほどキッチンや厨房がとてもシンプルです。

食材選び１つとっても、ご自分の基準やこだわりをお持ちになって、真剣に関わるスタンスを大事になさってください。命を頂くことの大切さを考えましょう。

そしてそれはお金の節約はもちろん、暮らし方のみならず、からだも美しくなるはずです。

消えてなくなるものこそ、ご自分のこだわりをしっかりお持ちになって選んでください。

STEP 03

仮 置 き

STEP 03

仮置き

収納とは思いやりです

「仮置きする」というのは、今まで分類、処分したものを、配置していく作業です。そのとき一番大切なことは「思いやり」です。例えば、いつも「靴下が見つからない」とおっしゃるご主人のことを考えて「パパはいつもこの動線で着替えるから、ここにおいてあげると楽かしら」と考え、その位置においてあげるのが思いやりなのです。５つのステップの中でも、一番あなたの視点が必要なのはこの「仮置きする」というところです。なぜなら、「これはどこに置いたら私や家族が使いやすいかしら？　元に戻しやすいかしら？」ということがわかるのは、プロの私ではなく、あなたやあなたのご家族でしかないからです。ですから、お客様には、ひたすら「これをいつもどこで使いますか？」「どこに置いたら楽ですか」とうかがっています。仮置きの場所はお客様とのコミュニケーションでしかわからないからです。あなたが作業する場合は、あなたが私の代わりになって、ご家族に聞いてみるといいでしょう。決まったところはご家族に報告してあげましょう。

もちろんプロとしての視点というのもあります。それは、長年仕事を通して培ってきた「カン」というのでしょうか。「これをここ

に置くと散らかりやすい」というシミュレーションが早くできることです。ただ、それは早くできるというだけで、みなさまも繰り返し繰り返し、思いやりを持って考えれば、誰にでもできることです。

本来、この「思いやり」を持って、一つずつ考えていけば、仮置きの場所というのはおのずと決まってくるのです。ただ、一つ一つ考えるとやはり時間がかかってしまうもの。その時間を省くために、「分類」という作業が役に立つのです。分類を崩さずに、関連のあるものを同じところに収めることで、「これはここにあるな」と家族が推測することができるのです。「分類」という作業があったおかげで、家族に優しく、あなたの時間も短縮させてくれるのです。

もちろん、そうしても、散らかってしまうところもあります。そのときはＳＴＥＰ１で取り上げた「散らかる原因」３つを思い出してください。そのうちの一つは、仮置きの場所の悪さでしたね。場所を決めるにあたっては、何度も失敗することがあります。どんどん失敗してください。失敗することで自分の楽なスタイルが見えてきます。その部分を見直して、変えて、と繰り返していけば、失敗は必ず減りますし、ご自分も家族も楽な収納システムになるのです。

仮置きとはわかりやすく楽なシステムを作ることです

「歩数と思考を最小限にする」ことが仮置きの目的

分類・処分し、残ったものをどこに置くかを決める作業が、「仮置きする」です。前ページでも触れましたが、仮置きするときに重要なのは「思いやり」。まず、「これがどこにあったらみんなが楽になるか」を考えてあげてください。他人が探しやすく、使いやすいようにするのはどうしたらよいかを必死で考えれば、場所も限定され、家具のレイアウトも自然と決まってきます。

では、楽にするとはどういうことでしょうか。簡潔に言うと「歩数と思考を最小限にすること」です。

歩数とは、「家の中で、どの辺りにあるのだろう」と探す歩数のことです。要は、使う場所までの距離を最短にすればいいのです。

また、ご家族全員が、家の中のすべてのものの位置を把握しているとは限りません。そのため、ものを探すということが起こるのは仕方のないことです。しかし、そのときに「どこにあるのだろう?」と悩まずに、「○○は多分、この辺りにあるだろう」と迷わなければ、思考も最小限で済みます。つまり、どこにあるか想像がつきやすい場所に置くことが大事になります。

具体的には、仮置きとは、次の3つのシステム作りのことをいいます。

①……どこに何があるのか誰もが「わかるシステム」を作る

②……取りに行く・しまいに行くのを「楽にするシステム」を作る

③……「衛生で安全なシステム」を作る

①によって、探す時間、迷う時間が省かれ不明のストレスが解消されます。また、②によって、足の動きが省かれるので、面倒のストレスの解消につながります。③は、収納を行ううえで必要最低限のルールです。

仮置きの原則は歩数と思考を最小限にすること

歩数

部屋の中でうろうろと歩き回らず、「この辺りにある」ということがはっきりわかって、目的の場所まで最短距離でいけること。

思考

戸棚など、ものがある場所にたどり着いてから、その中のどこにあるか、場所を推測する時間を短くすること。

分類を崩さないで入れるのが理想的です

「○○はどこ？」と聞かれない配置をしましょう

では、①から順番に詳しく見てきましょう。

「これがどこにあったらみんなが楽になるか」と考えるとき、みんなの中には当然ご自身も含まれています。ご自身のストレスとして、ご家族に「○○はどこ？」などと聞かれて時間を取られるということはないでしょうか？　裏を返せば、「○○はどこ？」と聞かれない指定席作りが、ご自身の「楽」でもあるということでしょう。

では、どうしたらご家族に「○○はどこ？」と聞かれないでしょうか？　もちろん、家の中にあるものの位置をご家族が把握していれば、聞かれることはないでしょう。しかし、ご家族全員が、すべてのものの位置を知るのは無理があります。

そこで、言葉に出さなくても、「ここの位置にはこういうものが置いてあるよ」というメッセージが出るように配置するのです。そのとき大事なのが「つながり」です。

つながりを持たせましょう

ここでSTEP1の分類が効果を発揮します。徹底的に分類したものを、点在させないようにします。また、中分類は関連性が高いので、必ず隣同士に置きます。さらに小分類ですが、例えば、箸と箸置きは一緒に使うことが多いので、隣同士に置くと使い勝手もいいでしょう。

こうした関連性が見つけにくいものもあります。その場合も、こじ付けでもいいのですから、ものの用途と関連性を考えて、分類を崩さないようにします。隣同士になんらかのつながりを持たせて収納すれば、「○○はこの棚にあるかも」など、家族が推測できるので、探す場所が絞られます。「○○はどこ？」と聞かれることも少なくなるでしょう。

食材を仮置きしてみよう

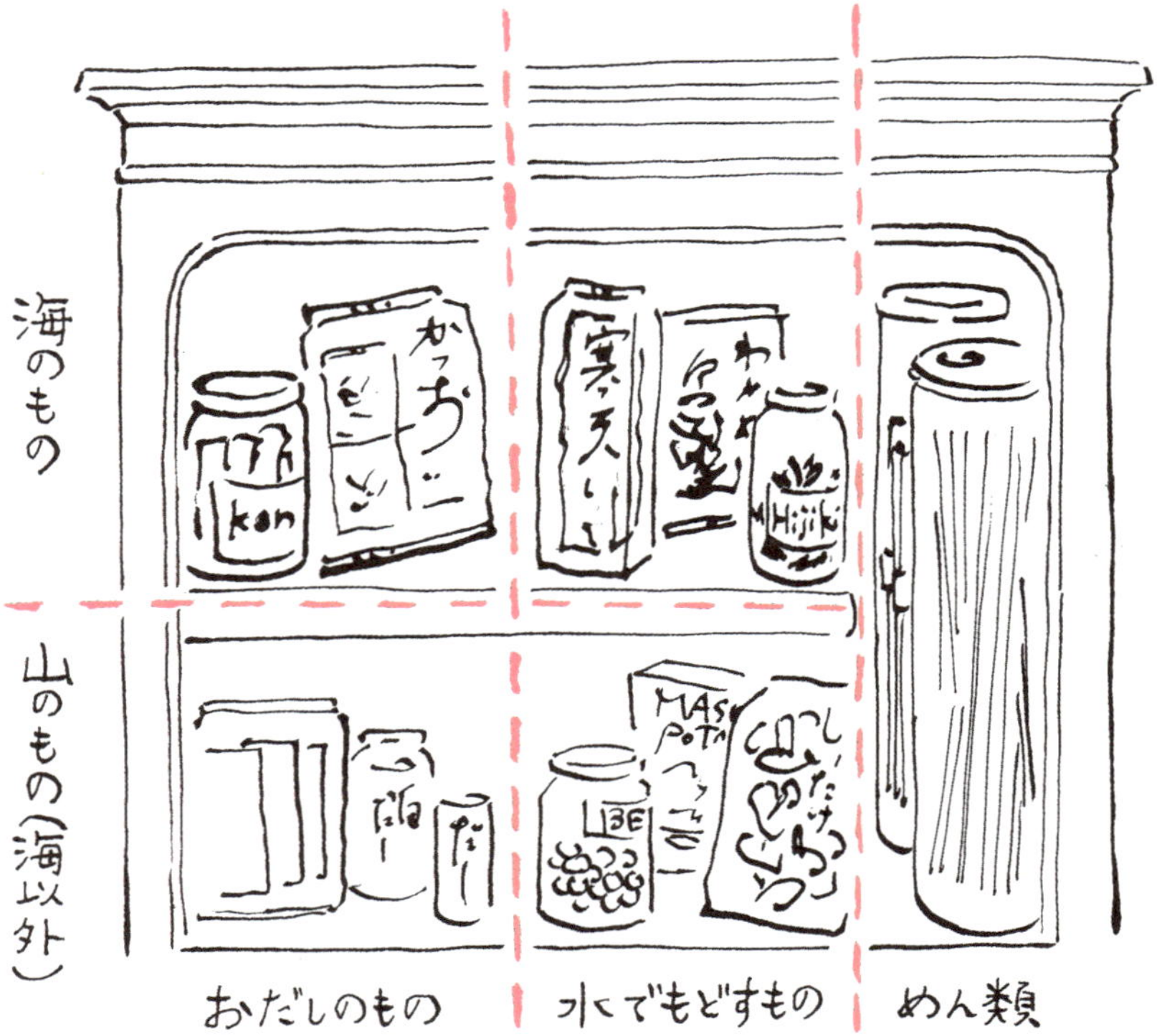

上記は乾物が多かったご家庭の例。乾物を、だしに関するもの、水で戻すもの、麺類に分け、さらに、上段には海のもの、下段はそれ以外というように戸棚の中を分けた。隣同士に関連性を持たせると、推測が楽なので何がどこにあるかわかりやすい。

何度もシミュレーションすることが大事です

家族の動線を考えましょう

次に②の「楽にするシステムを作る」です。楽にするためには、家族の動線を考え、シミュレーションをすることが大切です。

一般的に「使用頻度の高いものは、取り出しやすい場所に入れる」などはシミュレーションしやすいでしょう。

例えば食器の場合、個人用のお椀や箸、毎日使う皿、取り皿などは、食器棚でも一番出し入れのしやすい場所に置きますね。また、お子様がいる場合でしたら、お子様が出し入れする食器は、合わせて手の届きやすい場所にしまったり、逆に割ってほしくないグラス類はお子様の手の届かない場所にしまったりするなど工夫が必要です。お客様用でしたら、まとめて奥にしまい込んでも、それほど困ることはありません。しかし、シミュレーションは、もっとさまざまな方向から考える必要があります。

使用頻度だけでなく温度や湿度なども考慮しましょう

お客様で、「子供がリビングにパジャマを脱ぎ散らかすので困る」と言う方がいらっしゃいました。その原因を探ってみたところ、「朝起きたときに、子供部屋は寒いので、暖かいリビングで着替えてしまう」ということだとわかりました。この場合、リビングにパジャマの指定席を作れば散らかりませんが、しつけとしてよくない、あるいはリビングにパジャマを置くのは抵抗があるということであれば、朝起きたときに子供部屋を暖かくしておく、などの対策も取れます。どちらにするかは、ご自身やご家庭の価値観やこだわりによって変わってきます。

このように、使用頻度や、ものの位置だけでなく、ものの量、気温、扉などの障害物、形状、湿度、温度、日当たり、レイアウト、見た目などを考慮しましょう。

実際使うところをシミュレーションして

お子様がいる場合、高級なグラス類や、ガラスの食器など、割れやすいものは、お子様の手の届かないところに置くのが無難。また、子供用の食器を、お子様の手の届くところに置くなど工夫をすると、お子様の食器を自分で出し入れするようにしつけることも。

収納が崩れるところは無理して整えなくてもかまいません

散らかるようなら仮置きの場所を変えましょう

動線が大切であることは前ページでも触れましたが、家族の動きを何度も何度も頭の中でシミュレーションして、仮置きの場所を決めることが、散らからない部屋作りの基本です。

初めて「仮置き」をして、その後日、私がお客様のご自宅を訪れたとき、仮置きした場所が散らかっていることがあります。それを私が見つけると、みなさまご自身を責めて、「がんばって片付けます」とおっしゃいます。

でも、ここでがんばる必要はないのです。思い出してください。24ページで触れた「住まいが散らかる原因」の一つが「仮置きの場所が悪い」であることを。「仮置き」とは読んで字のごとく「仮」に「置く」のです。つまり、その仮置きした場所が、ご自身やご家族に合っていなかっただけのこと。まだ仮置きなので、場所を変えればいいのです。崩れないようにするのではなく、どこに置いたら崩れないか、再検討してみましょう。

シミュレーションが大切になります

再検討の際に必要なのもシミュレーションです。家族の動線を思い出しながら、散らかる原因はどこにあったのか見極めましょう。それにしたがって置き場所を変えてみます。

それでも散らかってしまう場所があります。そうしたらまたシミュレーションして、場所を変えます。失敗はどなたにでもあることですから、あきらめずに行いましょう。徹底的に自分が楽であることを追求してください。そのうちに確実に散らかり方が減ってきます。ただし、あまりにも散らかるようであれば、「ものの量と収納スペースのアンバランス」、「器が悪い」の二つを考えてみる必要もあるかもしれません。

普段持ち歩いているものは
棚おろしBOXを作ると便利

普段家に置いているものは仮置きの位置を決めやすいが、忘れがちなのが毎日持ち歩く財布や定期、化粧ポーチなど。バッグに入れっぱなしになって、次の日別のバッグに変えたときに「持ってくるのを忘れた!」ということも。その場合に便利なのが「棚おろしBOX」。家に帰ってきたら、バッグの中のものをこの箱の中に全部移し変え、明日持って行くものはそのまま、使わないものは元の位置に戻す。このように、普段持ち歩いているものにも仮置きの位置を決めてあげることで散らかりを防ぐことができる。

指定席は「子供、老人、病人」の視点で考えます

どうしたらみんなが楽でわかりやすいかを考えて

③の「衛生で安全なシステム」は、収納の基本中の基本といえるでしょう。しかし、ときにはそれを見落としてしまうことがあるので、もう一度、振り返ってみてください。

まず、安全さを考えるときは、お子様や、高齢者、病人の視点に立つことが大切です。私たちが普通にできることに合わせるのではなく、できないことが多い人に合わせるほうが、散らかりを防ぐだけでなく、安全性も高めてくれるからです。

例えば、乳幼児のお子様のいるご家族の場合、誤飲を防ぐためにも、危険なものはお子様の手の届かないところに置くようにすべきです。

また、お子様のおもちゃは、扉のある家具や引き出しにしまうと指を挟む可能性があるので、オープンなスペースに入れてあげるといいでしょう。

病人の例ですと、腰を痛めている方がいらっしゃる場合は、重いものは、かがまないで取れるようにしてあげる工夫が必要になります。

地震が起きたときに、落ちてきたら危険な割れ物や重いものは、高い位置に置くのはやめましょう。

このように、高さや重さ、開閉などの構造に注意しましょう。

一人暮らしの場合は自分が入院したときのことを考えて

一人暮らしの方の場合は、自分が病気やケガなどで突然入院したことを考えてみましょう。

入院には、生活に必要なものをいろいろと持ち込まなければなりません。そんなとき、置く場所がきちんと決まっていれば、遠くに住んでいるご家族や、普段家に出入りのないお友達など、どなたに頼んでも、推測して置いてある場所がわかるでしょう。

子供、老人、病人のことを配慮して仮置きの位置を決めよう

子供に危険なものは手の届かないところに

薬や洗剤、子供がうっかり飲んでしまうような大きさのものは、子供が手の届かない高いところに置いたり、戸棚の奥にしまうなどする。

子供のおもちゃはオープンスペースに

子供のおもちゃを扉のある戸棚などにしまうと、取り出すときや片付けるときなど、手をはさんでしまう場合がある。オープンスペースのほうがベター。

病人に負担をかけない位置に

腰を痛めている人や、足腰が弱っている高齢者などがいる場合は、重いものは、スムーズに取り出せる高さに。持ち上げなければならない場所に入れると腰に負担がかかる。

実際に仮置きしてみましょう

動きのムダを省く配置をしましょう

例えば、文房具を仮置きするとします。頻繁に使うモノなので、歩数を減らすことが重要です。歩数とは、「家の中で、どの辺りにあるんだろう」と探す歩数のことでしたね。

それには、使う場所までの距離を最短にするといいでしょう。そうすれば「文房具は、ママがよく書き物をしているダイニングテーブルの近くにあるだろう」とか、「メモを取ることが多い電話の近くだろう」、お子様がいらっしゃる場合、「お絵描きをするリビングの近くに置いてあるだろう」などと、家の中のどの辺りに何があるか推測できるのです。そうすることで、動きのムダを省けるのです。動きのムダが省ければ、普段の作業工程が一つ少なくなるので何につけても楽になります。

ここで注意したいのは、できるだけ点在させないということ。点在させると、どこに何があるか推測できなくなってしまうのです。スペースが狭いなどで点在せざるを得ない場合、私は二ヵ所までにしています。例えば、実際に使っている調味料とそのストックの場所、大人用文具と子供用文具の場所などです。

隣同士にあるものは関連付けをして

動きのムダにはもう一つあります。それは「手の数」です。「手の数」とは、戸棚などを開けたときに「この辺りにあるな」という場所からものを探し出す手の動きです。

例えば、鉛筆やボールペンなど「書くもの」が置いてある近くには、消しゴムや修正液などの「消すもの」を置くようにします。そうすれば、便利ですし、「消しゴムはどこ?」などと家族に聞かれなくなるでしょう。

要は、予測したところにものがあるお店のように関連性を持たせることです。

仮置きするときの注意

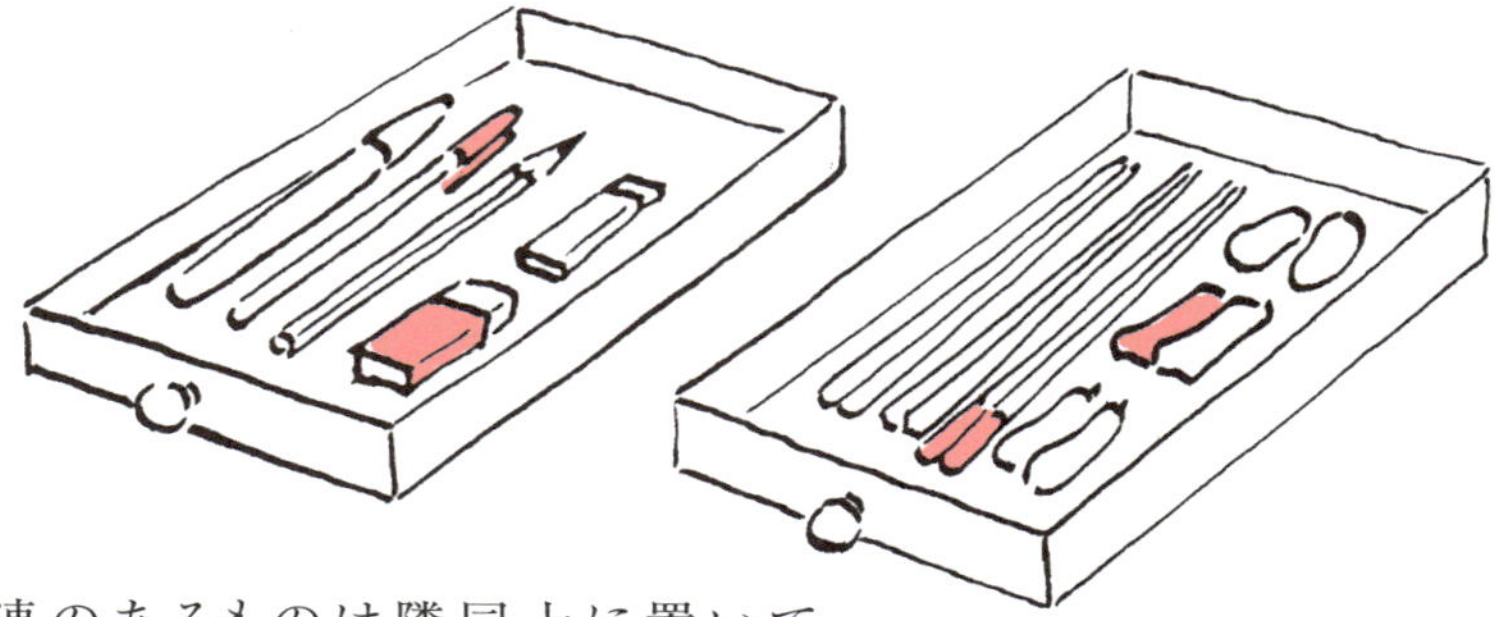

関連のあるものは隣同士に置いて

箸置きは箸と一緒に使うので、箸と並べてしまう。また、消しゴムや修正液など「消すもの」は鉛筆やボールペンなど「書くもの」と一緒に使うことが多いので、隣り合わせの位置に仮置きする。93ページでも例を挙げたが、こじ付けでもいいので、何らかの関連性を持ってしまうように。

点在させるときは二ヵ所まで

56ページでも触れたように、点在して収納するのは、死蔵品を生むなどの危険がある。基本的に点在はさせないこと。ただし、調味料など、普段使っているものとストックを同じ場所にしまうと、ストックが汚れてしまって嫌だ、などというケースもあるので、ストックだけ場所を変えてしまってもよい。

「〇〇はここに置かなければいけない」という決まりはありません

家を自分に合わせるのではなく自分に家を合わせましょう

仮置きの段階で、私がお客様によく聞かれることがあります。それは「ここは何を入れたらいいのでしょうか?」ということです。

私は何を入れてもいいと思います。

私がお客様のご自宅で文房具を配置するときは、よくダイニングテーブルの近くにします。普通は、食と無関係な文房具を置くことは考えられないようです。

でも思い出してみてください。あなたが手紙を書いたり、書類を記入したりするときダイニングテーブルを使うことが多くはないですか? また、お子様が帰ってきて宿題をしたりするのも、ダイニングテーブルを使ったりしませんか?

なかには、食と無関係のものを置くことに抵抗がある方もいらっしゃいますし、しつけとして、「宿題は子供部屋でやらせたい」と考える方もいらっしゃいます。その場合は、不便さと、ご自身の考え方のどちらを優先したらストレスが少なくなるのか考慮する必要があります。両者の妥協点を見つけて、バランスのよい場所を探しましょう。

要するに、ここで何をお伝えしたいかと言うと「固定観念にとらわれないで」ということです。

衛生的で、安全であれば、何をどこに置くのかは自由なのです。

システムキッチンで端のほうに「調味料を入れましょう」というふうにできているラックがありますが、私はそこにふきんを入れていました。何を入れてもかまわないのです。

固定観念にとらわれてしまう理由の一つに、このように、家具や造り付け家具などの「器」が「〇〇を置きましょう」というようにできているからというのがあります。みなさま、器に振り回されてしまっているのです。裏を返せば、それだけ器選びが重要になってくるということです。

仮置きの場所は固定観念にとらわれないで

一見関連のないものでも使い勝手のよさを優先してもかまわない

ダイニングテーブルは食と関連があり、「文房具」などとはまったく関係ない場所と取れるが、実際事務作業などをするのはダイニングテーブルが多い。使い勝手を考えて、文房具をその付近に置いても。

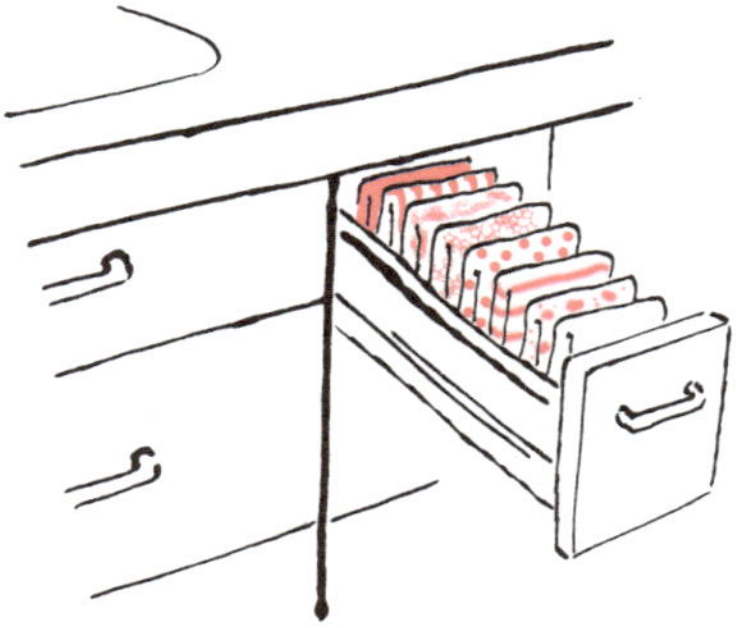

家具の構造に惑わされないで、自分の使いやすいように利用して

システムキッチンに必ず付いている幅が狭く奥行きが深いスペース。「調味料を入れる」と多くの人は思うが、必ずしも調味料を入れる必要はない。調味料はすぐ取り出せる場所に置きたい人もいる。その場合、この場所をデッドスペースとせず、ほかのものを入れることも考えて。

器選びは仮置きの場所がしっかりと決まった後に

先に器を選んでしまうから失敗することが多いのです

みなさまが失敗する原因としてよく見られるのが、「仮置きの場所を決める前に器を買う」ということです。「家具を買ってから場所を決める」と考えている人が多いようです。これは、前ページでも触れましたが、器の概念に振り回されているからでしょう。

例えば、調味料が増えたので、調味料ケースが欲しいと思って、分類、処分する前に調味料ケースを買ったとしましょう。ところが、分類してみれば、重複している調味料や、賞味期限が切れた調味料が出てきて、調味料ケースはいらなくなってしまうことが多いのです。

また、仮置きをしてみて、どうしても調味料がはみ出してしまい、調味料ケースを買ったとしましょう。それは正しいようですが、その後、仮置きの場所が失敗だったことに気づき、場所を変更したらその調味料ケースは役に立たなくなってしまうこともあります。

仮置きの場所を決めるのに何度も失敗することがあることを考えたら、安易に器を買うことはハイリスクな選択だとわかるでしょう。

どうしても器を買わなければならない事態は多くありません。例えば、「毎日使う食器が表に出る」、「お子様がいるのに、誤飲したら大変な洗剤などが表に出る」などです。それさえも、期間限定なら、ほかのものを表に出し、それらをしまうことによって解消できるのです。

とにかく、器を買うのは仮置きの場所がきちんと決まってからにしてください。それまでは、今まで使っていた器を使うとか、小分類がごちゃごちゃにならないように、ジップロックやビニール袋に鉛筆をまとめるとか、裁縫道具を小さな袋や箱に入れておくなどして対処しましょう。

これはあくまで仮置きですが、前よりわかりやすいので便利なはずです。

仮置きのときの器は

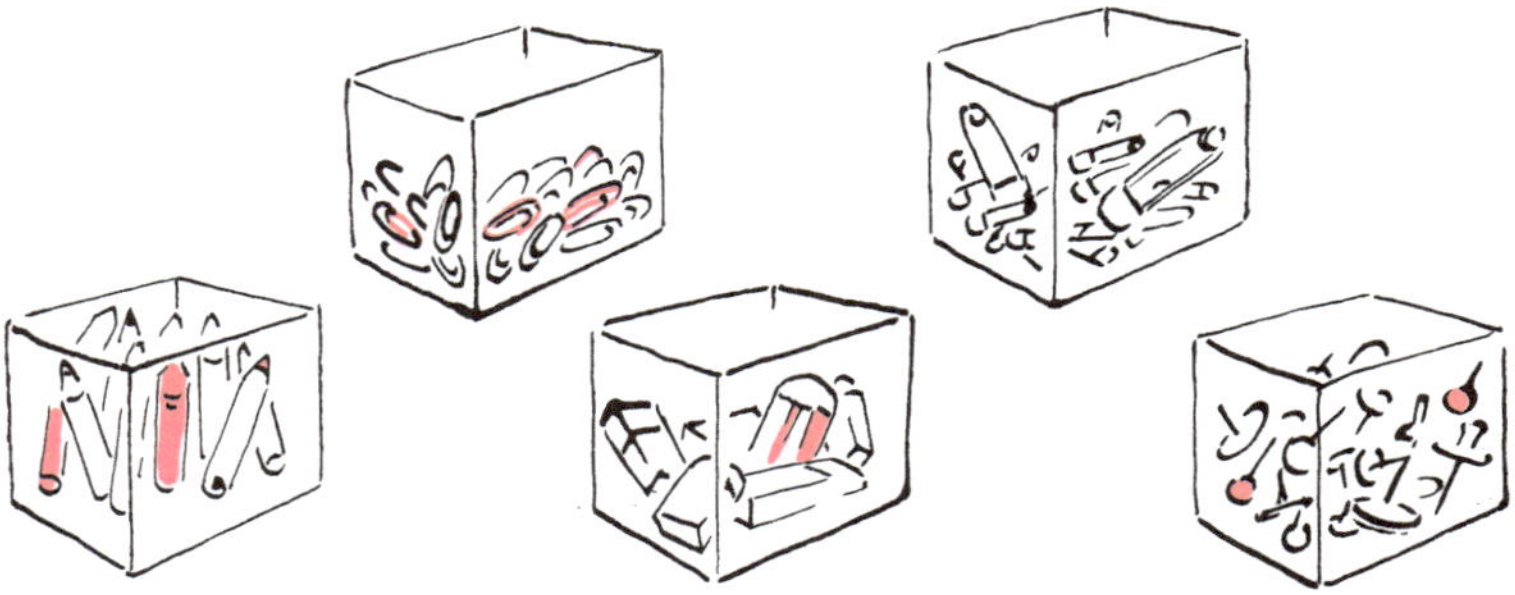

なるべく箱を使う

細かいものを分けるとき、ビニール袋やジップロックよりも、なるべく小箱を使ったほうがいい。

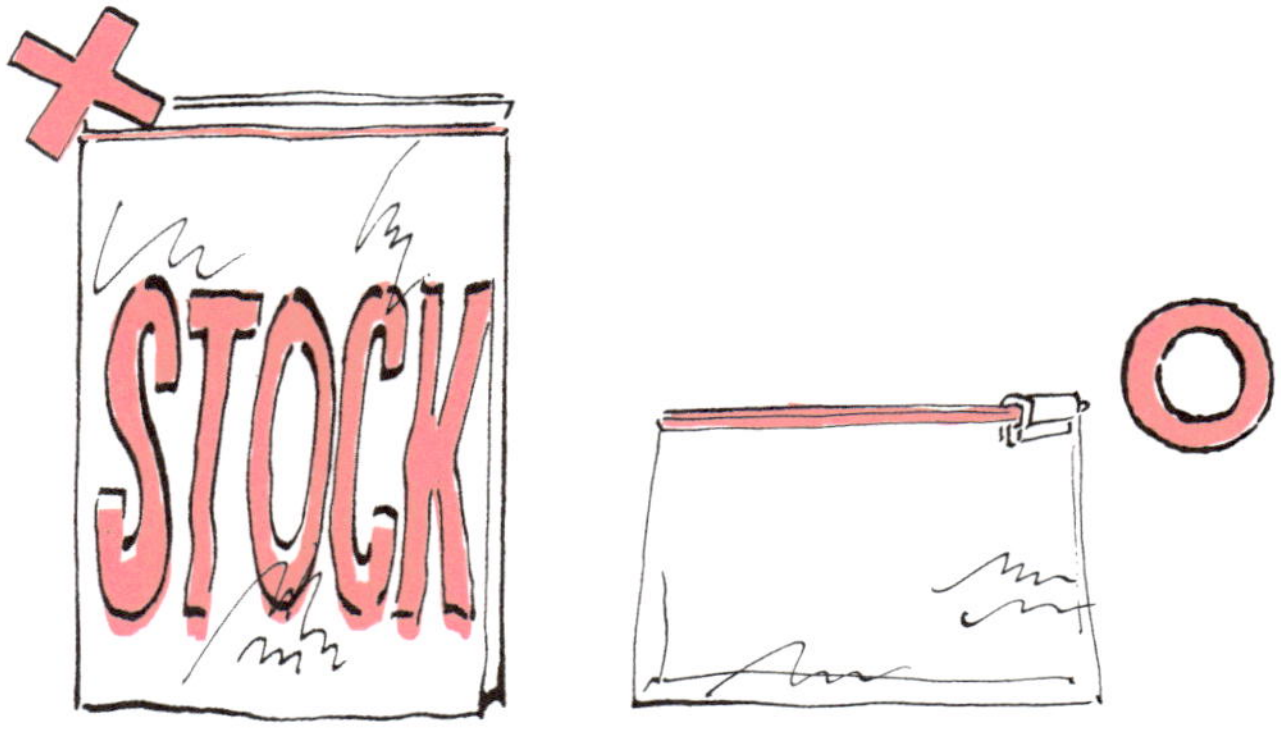

ジップロックは
イージージッパーが便利

ジップロックなどを使うときは、スライド式のジッパーで、袋の長さが短く、袋に大きく文字が書いてなく、中身が見えやすいものを選ぼう。出し入れの作業工程が一つ楽になる。

見つけにくいものほどきめ細やかに分けてあげて

細かいものほど小分類の場所をしっかり決めましょう

指定席を作るときに気をつけたいのは、探すときに見つけにくいものほど、細かく場所を作ってあげることです。

ありがちなのは、「安全ピンが見当たらない」という例です。安全ピンは裁縫道具なのに、小さいせいか、押しピンやクリップなどと一緒くたにされているケースが多いのです。押しピンはフックや釘などの類ですし、安全ピンは裁縫道具です。そこをきっちり分けないと、ごちゃまぜになって、いつの間にか、取れたボタンがそこに入ってきたりと、混沌としていきます。

当然、場所が決まっていないものは戻すこともできませんから、どんどん散らかっていくのです。場所は細かく作りましょう。

分類したのにきれいにならないときの原因の一つは、小分類の場所がはっきりしていないことです。

また、見つけにくいものの代表は、お子様の学校の書類などです。紙ものの分類は難しいですが、絶対に必要なものです。文房具やカトラリー、食材など、「分類」から「仮置きの場所を決める」までのステップが簡単なものをいくつかこなしてから、書類にもチャレンジしてみましょう。

「そのほか」を作らないことが仮置きのポイント

分類では、一時的に「分類のわからないもの」という「そのほか」を作ってもよしとしてきましたが、仮置きの場所を決める段階では「そのほか」は非常に厄介なものです。

先ほど例に挙げた「小さいもの」を見てもわかりますが、そのほかを作ると、どんどんそのほかが増えていくのです。こじ付けでもいいから必ず仮置きの場所を確保してください。

細かいものの分類もきっちりと

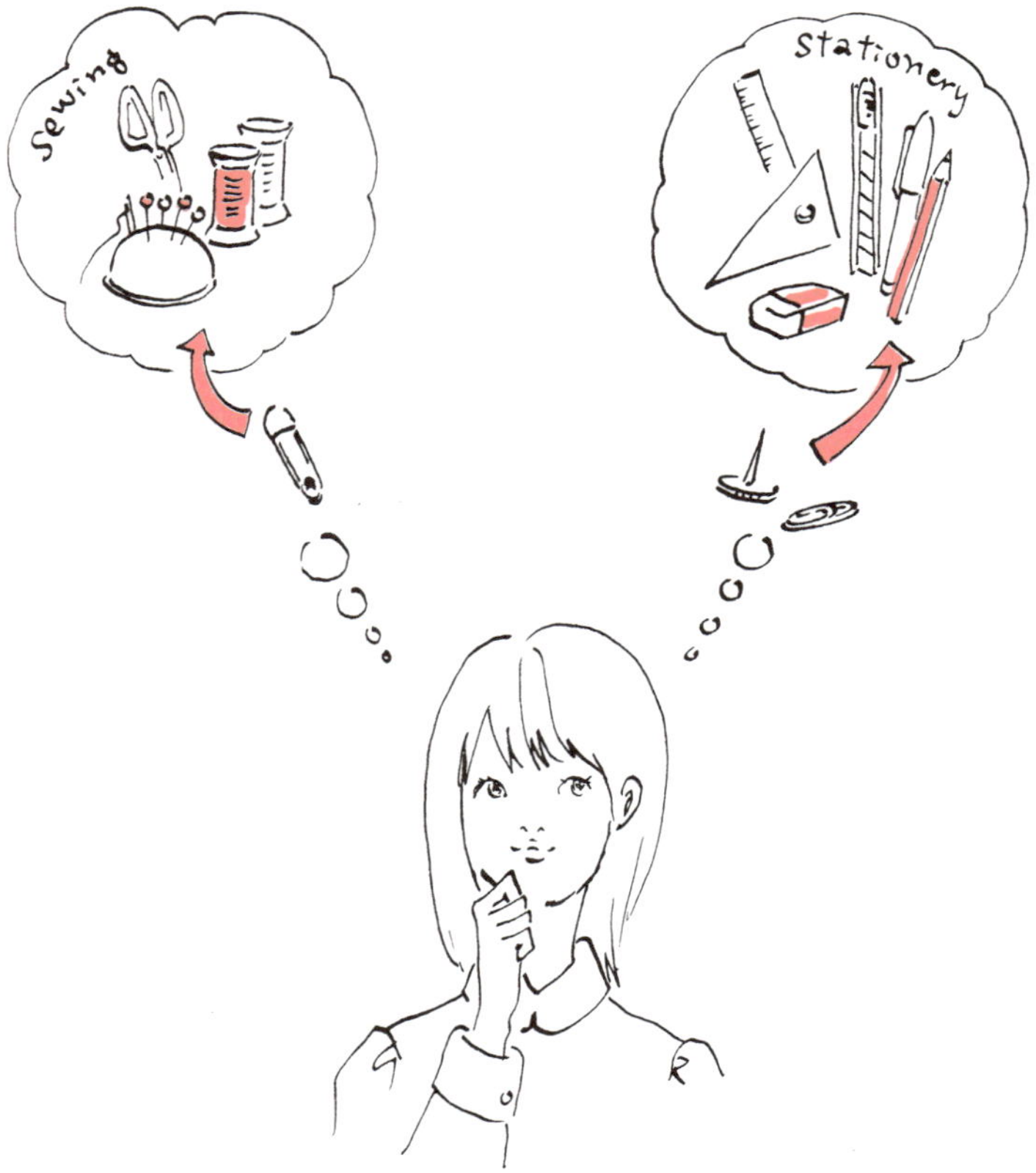

クリップや画びょう、安全ピンなど細かいものは引き出しの中に一緒くたにされがち。小さなものほど、細かく分けてあげて。

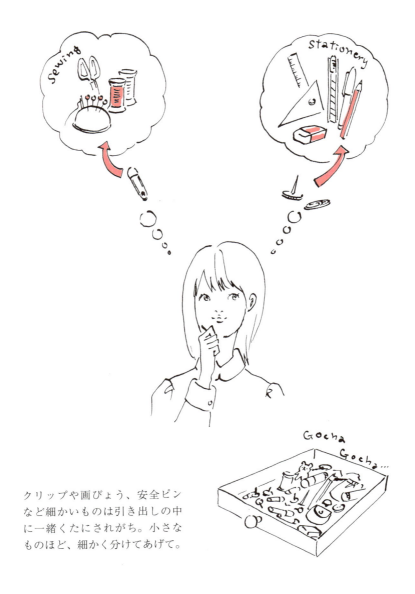

COLUMN
03

贈り物も
思いやりの気持ちで

お友達からの頂き物が、ご自分の住まいのテイストに合わず、そうかといって捨てられない、と困っているお客様がたくさんいらっしゃいます。そのような思いを相手の方にさせないためにも、贈り物は慎重に選びましょう。指定席を決めるのに家族への思いやりが必要なように、贈り物選びも相手の方を思いやる気持ちが必要だと思います。

例えば、私の家では白いタオルしか使っていません。ですから、私の好みを知っている方は、タオルならば白いものを選んでくださいます。「引越しのあいさつ回りのときに“タオルでも”と軽い気持ちで選んでいましたが、そういうモノが、その方の住まいを乱してしまうのかと思ったら、慎重に考えるようになりました」と言うお客様もいらっしゃいました。

相手の方の住まいを乱さずに相手に喜ばれるものを贈る——それはとても難しいことなのです。選ぶ自信がなく、また相手の方に失礼に当たらないときは、一般的に食べ物やお花、消耗品など“消えもの”と呼ばれるものや商品券などを贈られた方がよろしいでしょう。

せっかくのプレゼントが、相手の方の住まいのノイズになってしまわないように、また死蔵品とならないように、今一度、思いやりの気持ちを持って選んでみてください。

STEP 04

器を選ぶ

STEP 04

器を選ぶ

器選びは最も重要なステップです

仮置きして生活してみて、「これなら崩れない、散らからない」という場所が明確になったら、次に「器を選ぶ」という作業に入ります。器というのは、ものをしまうものすべてを指します。小さなものですと、ファイルや箱、かご、普段持ち歩いているものなら手帳やポーチから、ハンガーなど、ものをしまうための道具、大きな意味で見ると、家具、造り付け家具、家（間取り）までを「器」といいます。

この「器」ですが、なかなか使えるものは売っていないのが現状です。さらに、その中でも、機能性とデザイン性の両面から、バランスの取れているものを探さなければならないので、一般の方には一番難しいところであり、プロの力が必要なところと言えます。

例えば、私が自宅を探すにあたって、見た物件は100軒以上ありました。でも、その中で間取りや造り付け家具に納得できるものはたったの2軒！　そのうえ、その2軒も、「購入してからリフォームが必要だわ」というものでした。仕事柄というのもありますが、実際リフォームにもある程度のお金をかけました。私から見ると、みなさま、容易に器を購入しているように思います。

ここで、3つの「住まいが散らかる原因」を思い出してください。「ものの量と収納スペースのアンバランス」は処分である程度解決されたといえるでしょう。「仮置きの場所の決め方」も、仮置きを何度も繰り返し、散らからない場所が決まっていることがこのステップに進む前提です。残りの原因は何だったでしょうか。そう、「器を選ぶ」です。「器選び」を失敗すると、今までのステップがすべて台無しになってしまいます。例えば、仮置きの場所を決めて家具を買ったのに、収めるつもりのものが収められなくなって、それがやがて点在していったり、分類が乱れたりして結局散らかってしまうのです。生かすも殺すも器次第です。

それだけ重要な器選びですから、逆手に取れば、この器選びさえ成功すれば、多少片付けが苦手な方でも散らかりを解消できるといえます。一番の難関ですが、自分にとってどんな家具なら便利なのか何度もシミュレーションをすれば、必ずわかります。最適な器を見つけることで、これからの暮らしを美しくすることができるのです。

的確な器を選んでこそ今までのステップが生きてきます

器選びを妥協すると散らかる原因に

器の役割は、STEP3で決めた仮置きの位置を崩さないようにし、STEP1の分類をきちんと維持して明確な状態に保つことです。一言でいえば簡単に聞こえますが、これを満たす器はなかなかないのが現状です。

その中から、妥協することなく必要な器を選ぶことは非常に難しいことです。しかし、みなさま、「とりあえず何とかしたくて」、「お店で見たとき好みだったから」など、非常に安易な理由で、無計画に器を購入しているように思います。

お客様は私によく「もっと、箱とか家具とかを買うのかと思っていました」とおっしゃいます。それだけ器を買うのに時間をかけて考えていただいてます。

例えば、1000円程度の書類用の棚を買うにしても慎重になります。書類を分類し、動線を確認して、仮置きの場所を確認するのはもちろんですが、どのくらいの量をしまわなければいけないのか、これからどのくらい増える可能性があるのか、本当にその位置がお客様に合っていて続けていけるのか、など、細かいことまで何度もシミュレーションします。そして、それに見合った棚が見つかって初めて購入にいたります。どんな安いものでも、納得がいくまで買っていただくことはありません。

なぜなら、その棚が合っていなかった場合、すぐ散らかってしまうからです。今までのステップが台無しです。「買わなければよかった」と思いながら過ごすのは嫌ではありませんか。

また、お値段に関係なく、処分しようと思っても、器は大きいものですから、処分するにもエネルギーがいります。「ほかのどこかで使えるかもしれない」と取っておくと、その分のスペースを使ってしまうことになります。

本当にその器が使えるかどうか、シミュレーションをしたうえで購入を考えましょう。

器を選ぶときに考えるべきこと

自分が
使いやすい器？
しまわなければ
ならない量に
合っている？
動線に合った
位置にある？
これから
しまうものが
増える可能性は？

器選びは、現在しまうものがきちんと入り、将来的に増える可能性があるならばその分も予測する必要がある。また、使い勝手や置く位置などのせいで散らかることもあるので、何度もシミュレーションを重ねて。

家具を買う前に考えるべきことがあります

その家具が本当に必要かどうか再考してください

私は家具を購入する前にもう一度よく考えていただきたいことがあります。「本当にその家具は必要ですか？」ということです。

「仮置きの場所を決めて、今家にある家具に入らなくなったのだから、必要に決まっている」と思う方もいらっしゃるでしょう。でも、振り返ってみてください。例えば、家電製品が入っていた空のダンボールなどが押入れを占領していませんか？

また、新しく買う家具というのは、造り付けの家具や既にある家具にものを入れて、それでも押し出されてしまった部分を補うためのものです。はみ出しているものは、本当に家具を買って収納する価値のあるものでしょうか？

家具を買う前に、その、家具に入らないものを押し出している死蔵品がないかどうかもう一回確認してください。

処分のところできちんと見極めておかないと、ムダな家具、ムダな収納グッズ、ムダな器を買うことになるのです。もう一度、ＳＴＥＰ２「処分する」を見直してみてください。

家具を購入するときは内側のサイズもきちんと測って

いざ家具を購入する際に、サイズを測り忘れている方がいらっしゃいます。

もちろん、どこに置くか、その場所に入るか、外側のサイズを図ることは重要です。そこまではみなさま考えるのですが、ここで忘れがちなのが、家具の内側のサイズ（内寸）の測定です。

入れたいものが本当に入るのか、入れる際に邪魔になるものはないのかなど、そこまできちんと考える必要があります。

家具購入時の計測のポイント

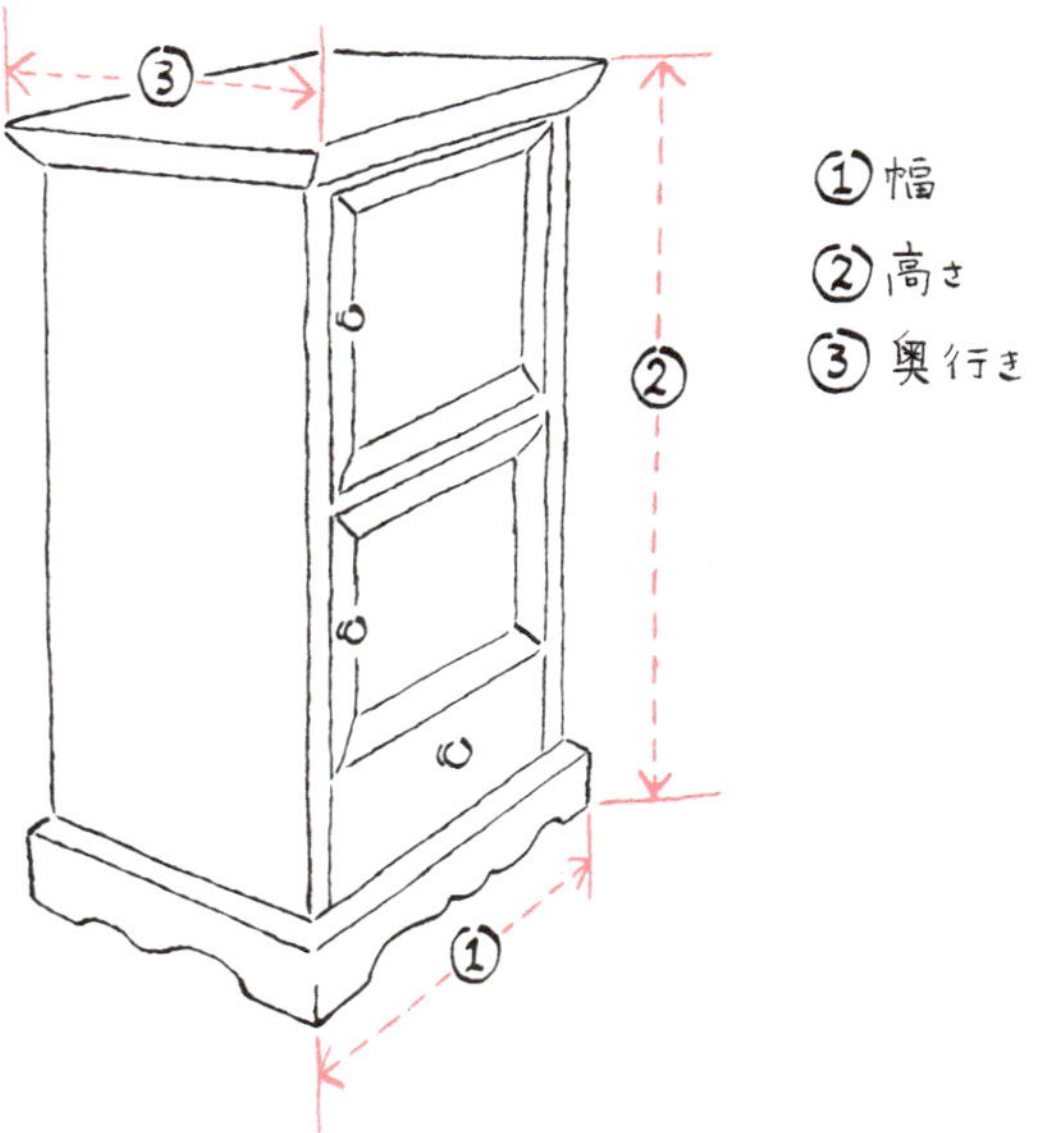

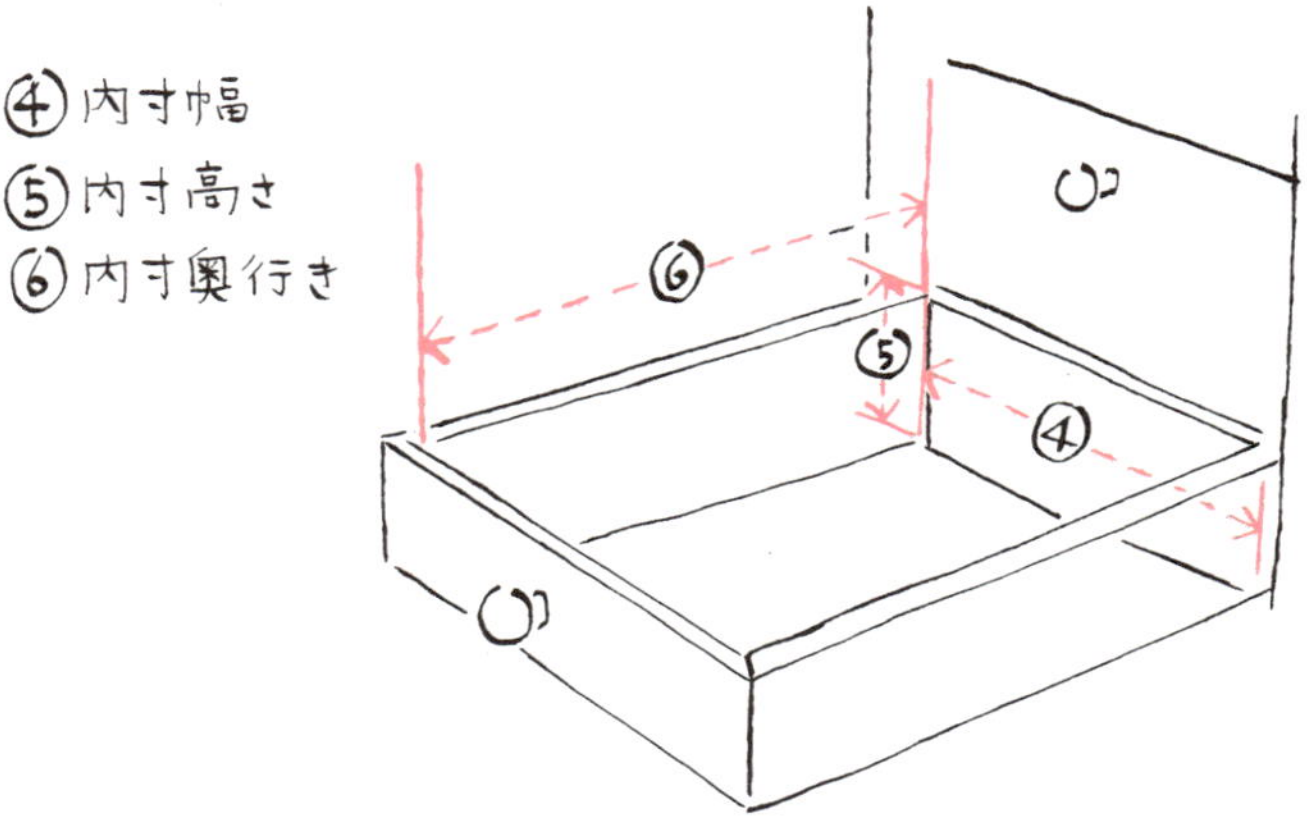

家具を購入するときにサイズを測るのは大前提。置く場所と家具のサイズが合うかどうかのほか、しまうものがきちんと入るかどうか、内寸もきちんと測って。上記の6ヵ所はサイズ計測の必須のポイント。

器選びはもっと慎重になるべきです

家具を買ううえで注意したい20のポイント

みなさま、家具を購入する際に考えることはどんなことですか？　何を基準に、家具や箱を探し始めますか？

私が、お客様のご自宅で家具を選ぶ際には117ページの20項目を頭に入れて、この家具がここにあったらどうかということを何度もシミュレーションします。

これらについて一つずつご説明しようと思います。まず、①～③は収納の基本です。例えば、食器は扉のある棚にしまうなどして清潔に保てること（③）、お子様がいる場合は、扉に指を挟まない家具を選ぶこと（②）などです。これは今までにもお伝えしてきました。

予算（④経済性）や⑪「目的」は、購入されるとき、みなさま、ご自身の基準でお考えになるでしょうから、説明は不要だと思います。

⑬「サイズ」については114ページでお話しした通りです。

⑭「容量」、⑩「動線」も、112ページで紹介した書類の例を参考にしてください。

見落としがちだったり、よく考えないで選んでしまうのは、それ以外の点、⑤「体格」、⑥「体質」、⑦「性格」、⑧「好み」、⑨「ライフスタイル」、⑫「センス」、⑮「重量」、⑯「可変」、⑰「色」、⑱「形」、⑲「デザイン」、⑳「材質」でしょうか。

みなさま、これらについて考えたことがおありですか。特に、「体格、体質、性格」などが、器選びに関係しているとはなかなか思い浮かばないと思います。色や形、デザイン、素材などの外観は、ある程度考えられていると思いますが、自分のゴールイメージに近いものが選べているでしょうか。

それらについてこれから詳しくお話ししてまいります。

器選び20のポイント

人との調和

⑤体格
⑥体質
⑦性格
⑧好み
⑨ライフスタイル
⑩動線
⑪目的
⑫センス

収納の４原則

①機能性・耐久性
②安全性
③快適性
④経済性

ものとの調和

⑬サイズ
⑭容量
⑮重量
⑯可変

空間との調和

⑰色
⑱形
⑲デザイン
⑳材質

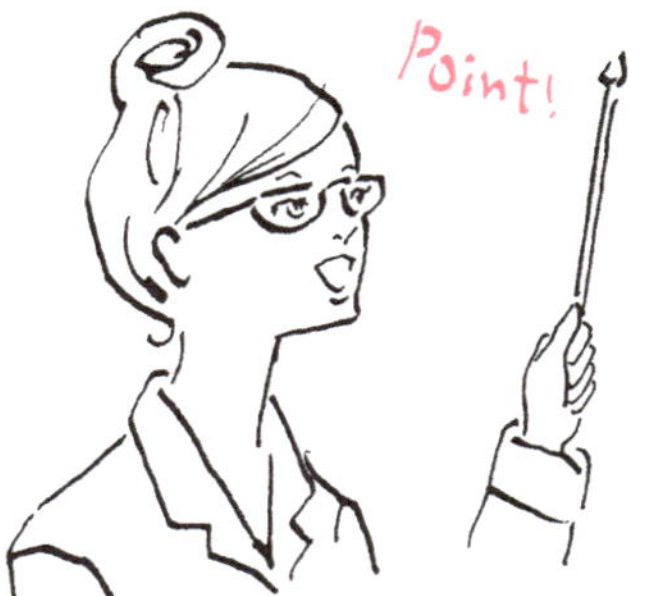

器を購入するとき、たいていは、多く考えても、予算（④経済性）や⑬サイズ、⑰〜⑲の外観、⑪目的くらいの人が多数。本来なら上記の20項目を考える必要がある。

ご自分やご家族のことを知ることがよい家具選びにつながります

ご自身の体格・体質・性格の特徴を家具にも反映させてください

⑤「体格」や⑥「体質」、⑦「性格」は器を選ぶうえで、非常に重要なポイントであり、何度もシミュレーションが必要なところでもあります。

暮らしの中での三大ストレスのうちの一つに「不便」というものがありましたが、それを思い出してください。

例えば、背が低い方は、高いところのものを取るのは「不便」ですね。台を持ってきて出し入れすればいいのですが、その「台を持ってくる」という作業が一段階増えただけで、ストレスになる場合があります。

「背が低い」というご自身の体格を認識していないと、高さのある家具を購入しても本当に使えるスペースは少なくなります。

また、この例でいうならば、台を持ってくることが「面倒だ」と感じない性格の持ち主であれば、高さのある家具を買っても問題ないでしょう。ただ、台を持ってくることを面倒と思う方もいます。

ほかの例ですと、ふたがついていることを面倒と感じる方もいらっしゃいました。そういう方は、ふたのないものを選ぶようにしたり、ふたを取って使用すべきです。ふたを取るとほこりをかぶりやすくなりますが、それが嫌であれば、面倒さと比較して、バランスのいい家具をそろえる必要があります。

「年齢」も関係があります。例えば、お年をめしてくると腰が痛いなど、健康状態に問題が出てきます。その場合重いものなどを出し入れするときに便利な家具を選ぶことが大切でしょう。

また、例えば、すごく寒がりで、朝の洗面所でメイクをするのが嫌だという人もいます。その場合、衛生面を考えたうえで、リビングにメイクの場所をもうけることを考えてもいいでしょう。

ご自身の体格や年齢、性格など、もう一歩考えてみましょう。

器選びの具体例（1）

体質

冷え性や寒がりの人の場合、朝の洗面所はつらいもの。衛生面を考えたうえで、暖かいリビングなどでメイクなど朝の支度をするか、洗面所を暖かくするようにエアコンを調節するなどの工夫が必要。

体格

背の小さい人が、背の高い家具を買ったり、高いところに棚を使うのは不便。いちいち台を持ってくるのがストレスならば、身長に合わせた背の低めの家具を選ぶべき。

性格

面倒くさがりな人は、ふたのある家具は一工程増えるので、イライラするというケースもある。逆に、きれい好きな人は、ふたがないとほこりをかぶるから嫌だということも。

年齢

年を取るとどうしても足腰が弱くなり、重たいものを持ち上げるのはつらくなってくる。重たいものをスムーズに出し入れできる高さにしまえる家具を選ぶことが大切。

優秀な家具の構造 ①棚板が増やせて、調節が自由なもの

棚の高さをフレキシブルに変えられる器は優秀です

器でも、特に扉の中に収納する箱などではなく、外に出る「家具」は、デザイン性も問われますが、当然機能的でなければ意味がありません。①「機能性・耐久性」、つまり構造が重要になってきます。

私は、家をリフォームしましたが、そのリフォームの一つに、造り付け家具の棚板を増やすということがあります。造り付け家具の棚は3〜4段しかないのが一般的ですが、これでは分類を維持することはできません。

特に、リビング、ダイニング、サニタリーなどの接点となる場所にある家具・造り付け家具は、さまざまなものが出入りするので、どんなものにも合わせられるように、ダボが変えやすく、ピッチの細かいものがいいでしょう。私のようにリフォームをしたり、新しく家具を購入したりしなくても、手作りでできるので、左のイラストを見て挑戦してみてください。それによって収納量が増え、新しい家具を買わなくても済むことがよくあります。

機能的な器は生活に潤いをもたらします

また、食器などは、高く積み重ねれば積み重ねるほど、出し入れに危険を伴いますし、下にあるお皿は使わなくなります。その点、棚と棚の間を狭くして少しずつぐらい重ねるようにすれば、どこにどんなお皿が入っているかわかりやすいですし、取り出すときの危険性も減少します。今まで使わなかったお皿も使えるようになるでしょう。

私は、機能的な家具を選んで便利に収納することと美しい収納は比例していると思います。

あなたが使いやすいように収納すれば、それは見た目に美しく、心にもゆとりが生まれるはずです。

DIYで棚板を増やそう

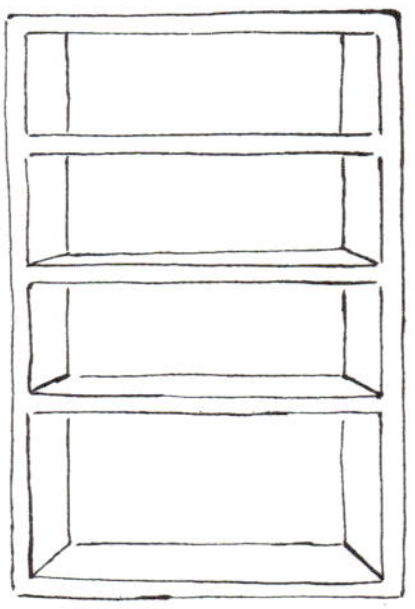

造り付け家具は棚板が３〜４枚しかなく、収納量が十分でないケースが多い。

ホームセンターなどで棚柱と棚板を購入。棚柱はできるだけピッチの細かいものを選んで。

造り付け家具の内側の側面に、棚柱を打ち付ける。

しまうものの大きさに合わせて棚板を増やす。収納量が増え家具を買わなくて済むことも。

優秀な家具の構造 ②開閉のストレスがなく丈夫なもの

ストレスがなく丈夫なことも優秀な器の条件

引き出しのある家具を買う場合は、引き出しにレールがついているものをオススメします。

私は、タンスの引き出しに本をしまっていましたが、引き出すときの⑮「重量」が難点でした。しかし、引き出しにレールがついていれば容易に引き出すことができ、ストレスの一つである「不便」が解消できるのです。扉や引き出しの開け閉めがスムーズだとストレスは一つ減ります。

このように、障害物は目に見えるものだけではありません。「重い」「扉の前にものがあったりなどして、開けるのが面倒だ」などのストレスも大きな障害物となりうるのです。それがなくなれば、散らかりにくくなります。

①「耐久性」も器の重要な条件です。組み立て式の家具は便利ですが、強度には欠けます。もちろん、組み立て式のよさもあるので上手に使い分けながら、できるだけ丈夫なものを選びましょう。

容量よりも奥行きを考えましょう

しまいたいものが決まっていると、そのものがしまえればいいと、容量で器を選んでしまうことがあります。しかし、容量だけで選んではいけません。同じ容量でも、奥行きが深く入口が狭いものよりも、奥行きが浅く入口が広いもののほうが絶対にものが散らからないからです。

例えば、奥行きが深い家具を買うと、奥のものが死角になってしまい、そこにあったものを忘れて、同じものを新しく買ってしまうということが起こりやすくなります。

それに比べ、奥行きの浅い家具は何が置いてあるか、一目瞭然なので、出し入れに不都合も生じませんし、見落とすこともありません。

器選びの具体例（2）

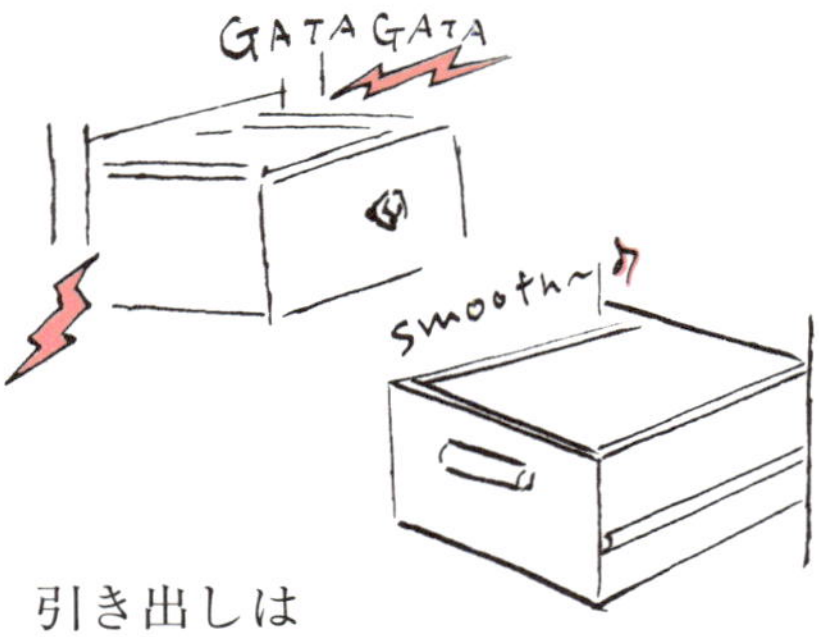

引き出しは
レールのあるものを

引き出すときに重いというのはストレスの一つ。レールがある引き出しは、重いものをしまってもスムーズに引き出せるので便利。

扉の前に
ものを置かないで

扉の前にものがあると、開閉の邪魔になる。扉を開けてしまうことが面倒くさくなり、散らかりやすくなる。扉の前には何も置かないように。

同じ容量なら奥行きが浅く、
入り口が広い器を選んで

奥行きのある器は、奥のものが取り出しにくいというデメリットがあるだけでなく、奥が死角になり、死蔵品が出やすい。

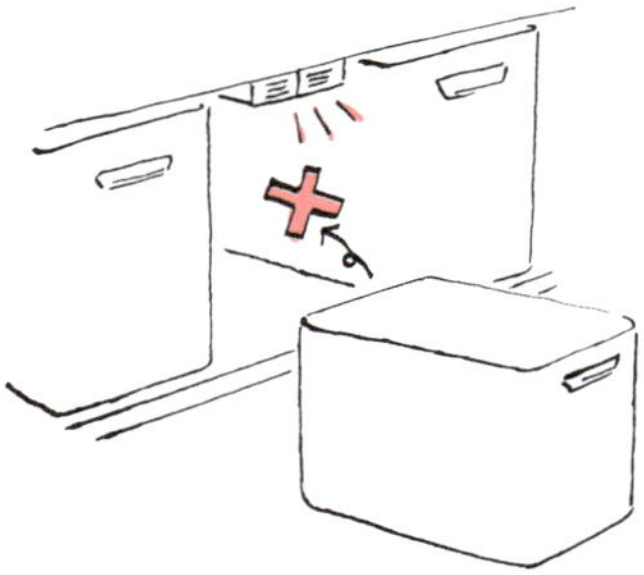

扉を閉めておく磁石部分が
障害になることも

扉の開閉が磁石になっている家具はよくあるが、その家具の中に、同じ高さの箱をしまおうと思っても、真ん中にある磁石部分が邪魔になって入らないこともある。

ライフスタイルに合わせて変えられる家具を選んで

長いスパンで付き合える家具を選びましょう

みなさま、家具を買うとき、何年使う予定で購入していますか？　おそらく「とりあえず」という思いで買っていらっしゃる方もいると思います。

家具は大きいうえ、価格もそれなりにするものなので、処分するにはとてもエネルギーが必要です。一度購入したらなかなか処分できず、その家具に振り回されて、散らかってしまうことがあります。また、処分すること自体、資源のムダ使いといえるでしょう。そういったことを防ぐためにも、⑨「ライフスタイル」が変わったときに、フレキシブルに対応できるよう、あらかじめプランを考えてから⑯「可変（応用性）」も考えて家具を買っていただきたいと思います。

私がお客様のご自宅にうかがって、家具を購入する場合、お子様のいらっしゃる場合は、成長に合わせて、「小学生のときはこう使い、中学生になったらここで、高校生になったらこう使う」などと、3パターンぐらいプランを考えています。それには十分なシミュレーションが必要です。

その部屋だけでなく家全体を見越したプランを

フレキシブルに使える家具を選ぶためには十分なシミュレーションが必要です。それも、その部屋だけでのシミュレーションではなく、家全体を見て行うことが肝心です。

例えば、お子様が成長したら使わなくなる家具もあります。「そうなったら、リビングに持ってきてこのように使おう。リビングに置いてあるこの家具は、寝室に移して使おう」などと、先の先まで見越して計画しましょう。それには、図面を数枚コピーして家具を使ってパズルをするように各部屋に当てはめていくのです。

あるご家庭の図面

23ページのご家庭の例。現在3歳と6歳の子供がいる。子供がいると、成長に応じてライフスタイルは変わりやすい。それに合わせて、家具もフレキシブルに変えられるものを選ぶべき。長いスパンで考えられるように、間取り図を数枚コピーして子供の成長に合わせて、購入する家具をあらかじめプランニングすること。

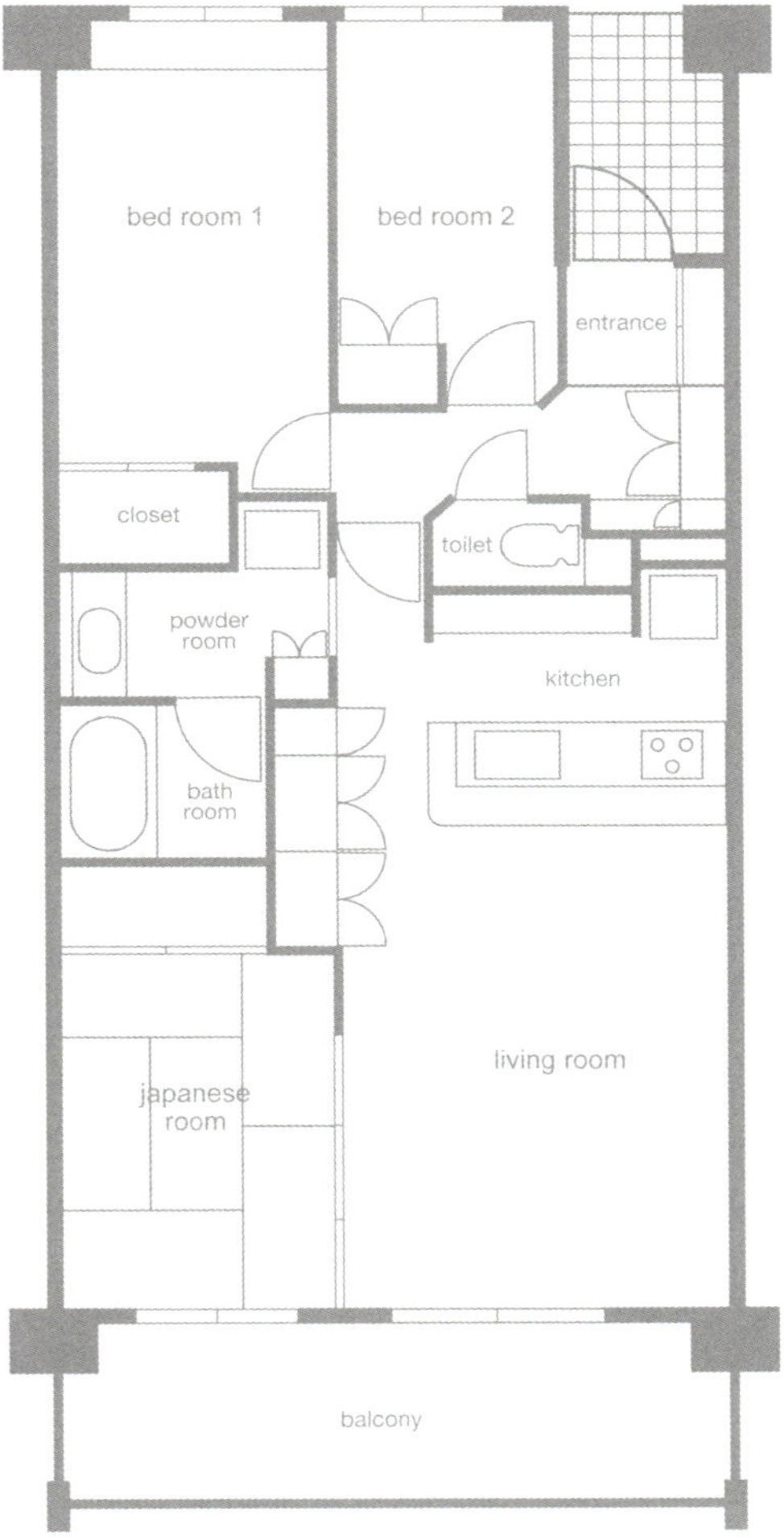

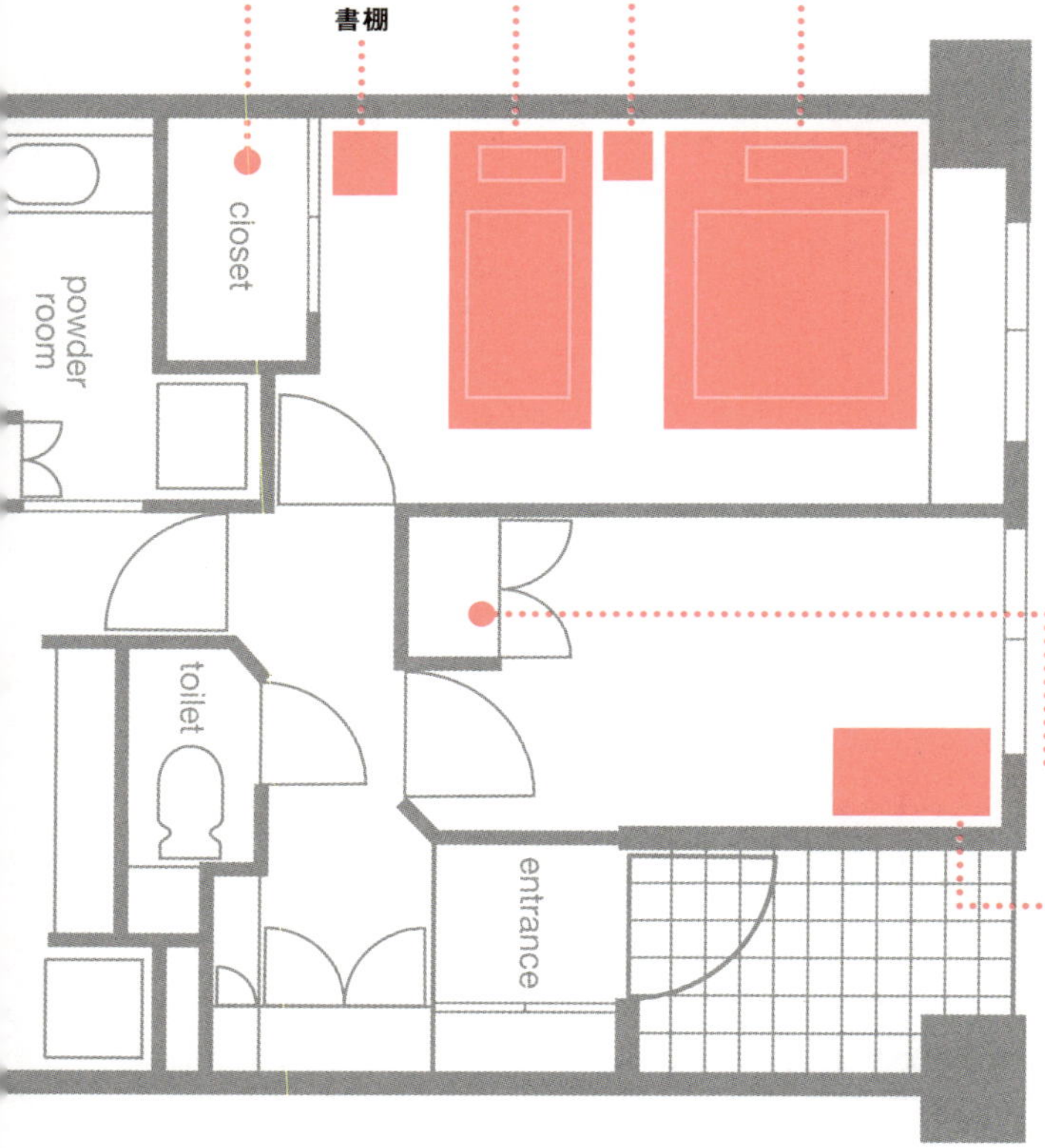

洋室（1）

寝室。キングサイズのベッドを子供2人とお母さんが、シングルベッドをお父さんが使っている。ウォークインクローゼットの中に書籍コーナーを作れる場合、ベッドを以下のように配置することも可能。ベッドメイキングが楽になり、サイドテーブルなども置ける。

洋室（2）

納戸兼書斎として使われているが、家中のものを処分すれば、このスペースが空き、来客用の寝室としても使える。

PLAN 第I期（子供が小学校中学年まで）

I期はまだ子供が小さいため、日当たりのよい場所に、遊ぶスペースを十分確保したい。そのため、和室を子供部屋に。ベランダとも通じているので、遊ぶスペースが増える。それに合わせて、和室の押入れの中身を子供のおもちゃと洋服に入れ替える。

＜買い足す家具＞チェア6脚／ラグ／テレビ台／壁面収納／簡易的なテーブル

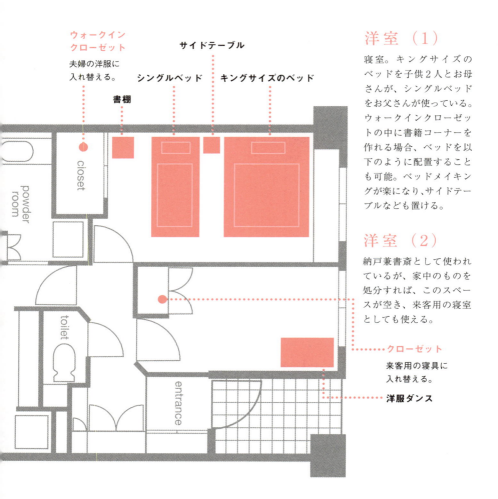

和室

子供部屋に。テーブルはお絵かき用に使うもの。一時期なので安価なものでよい。

押入れ

子供のおもちゃと洋服をしまえるように改装。

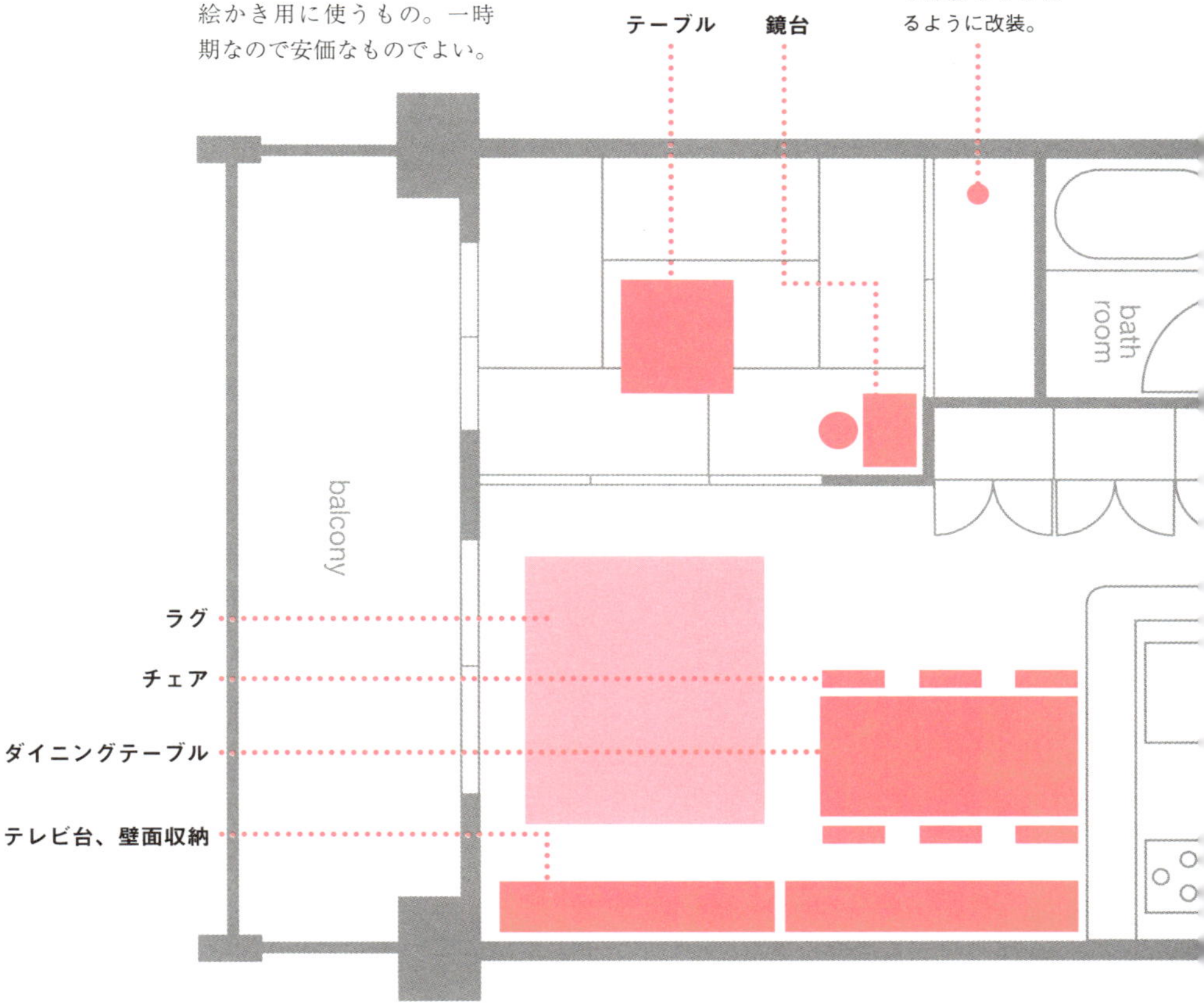

リビング・ダイニング

子供用のイスを2脚使用していたので、チェアは4脚だったが、これを期に6脚に買い換えた。ダイニングテーブルはそのままだが、テーブルと同じサイズのガラスの板を用意し、テーブルとガラス板の間にクロスを敷いた。カーテンやラグなどに色や素材で統一感を持たせると、部屋が引き締まる。

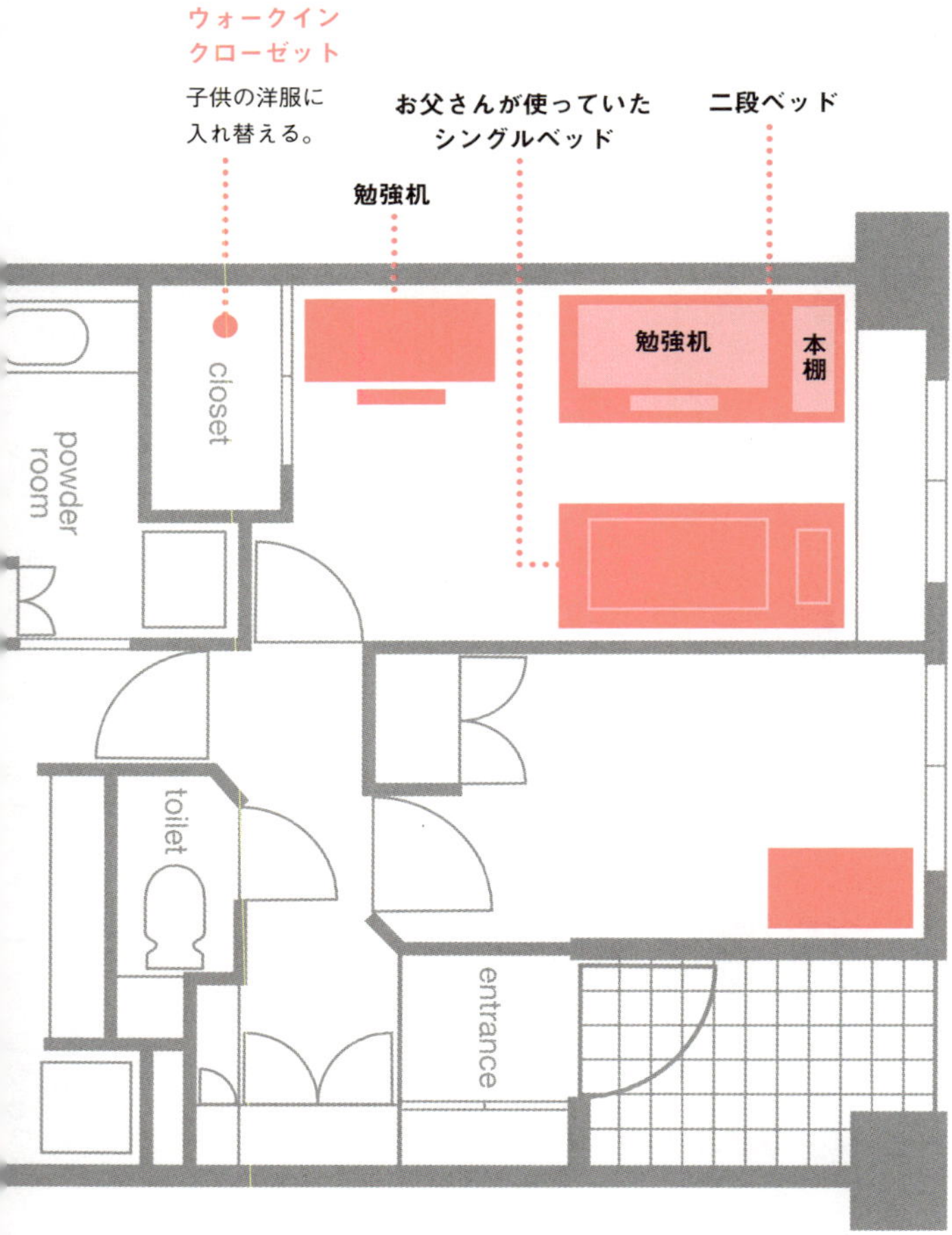

洋室（1）

子供の勉強部屋兼寝室。ベッドはシングルベッドをそのまま利用する。もう1人は二段ベッドを新たに購入し、二段ベッドの下に勉強机を置くと、個室風になり、2人1部屋というのを感じさせない。なお、キングサイズのベッドは長期間使ったものなので処分する予定。

洋室（2）

Ⅰ期と変わらず。ただ、審美眼が磨かれ、家のものがだいぶ処分されてきているので、デスクとパソコン関係のみになり、すっきりとした印象になるはず。また、Ⅲ期に向け、徐々に整理していく必要もある。

PLAN 第Ⅱ期（小学校中学年以降～中学生まで）

宿題や塾など、学習時間が増えるとき。勉強机が必要となってくる頃。また、子供たちが親とはなれて寝たいと言い出す頃でもあるので、2人1部屋の子供部屋を用意。

<買い足す家具>二段ベッド／勉強机×2

和室

夫婦の寝室に。ベッドではなく布団を使う。

押入れ

夫婦の洋服と布団をしまう。

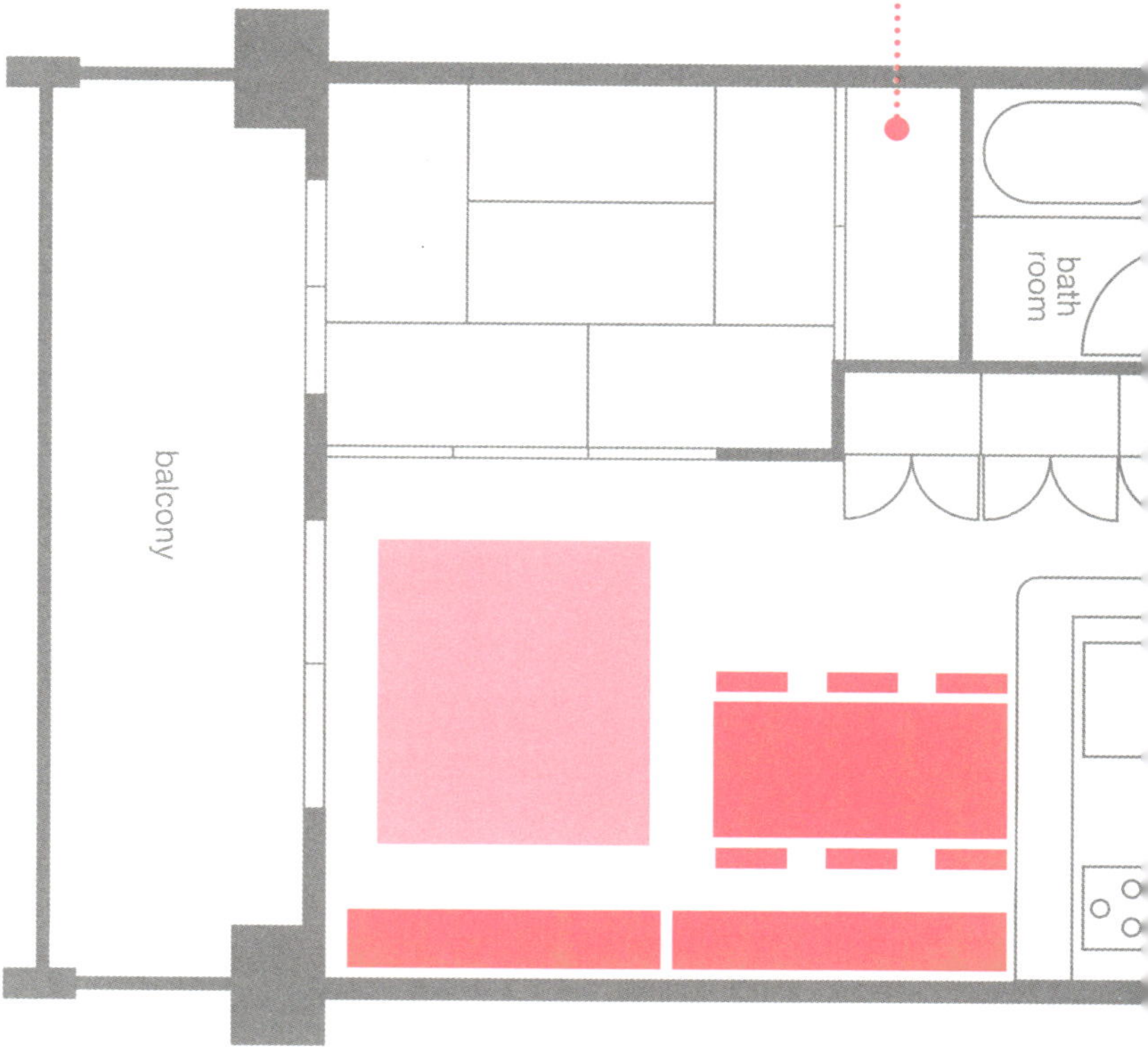

リビング・ダイニング

家具はI期と変わらない。だが、テーブルクロスやチェアカバー、ラグ、カーテンを変えることによって異なる雰囲気にすることができる。家具を買い換えるのではなく、布製品を変えると、安価で、印象もだいぶ変化する。

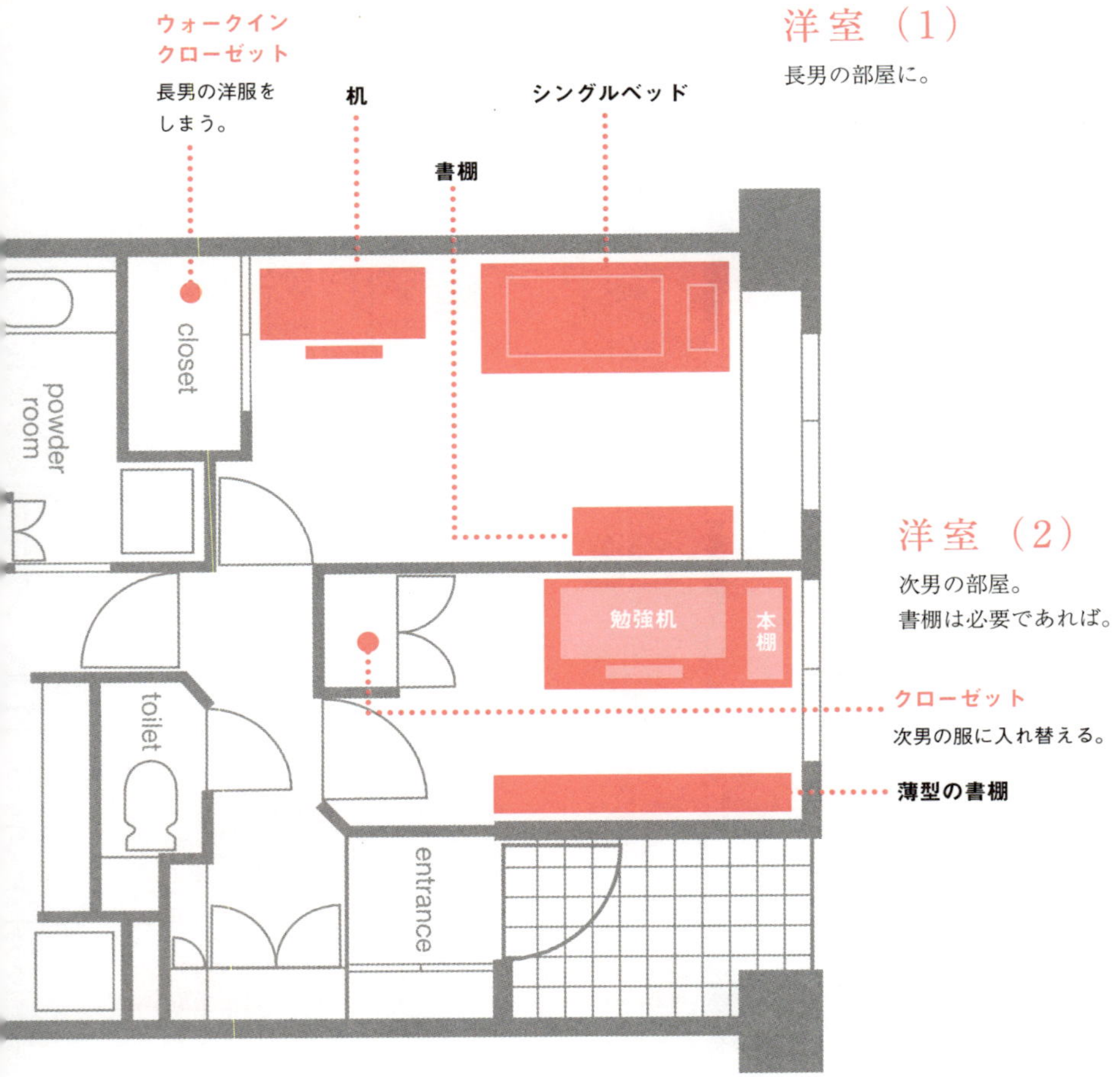

PLAN 第Ⅲ期（中学生〜）

中学生になると、子供一人一人に部屋を与えてあげたい。そこで、今までの子供部屋を１人部屋に使うほか、来客用の寝室を子供部屋に変える。

和室

II期のまま夫婦の部屋。ただ、納戸にあったものが増える。

洋室(2)にあった洋服ダンス

押入に入らない分の夫婦の服をしまう。押入は妻、タンスは夫、あるいは押入は夏物、タンスは冬物などと分けるといい。

押入れ

夫婦の洋服のほか、納戸のものをしまうスペースに。

バルコニー

収納が足りなければ、バルコニーに物置を置いてもいい。

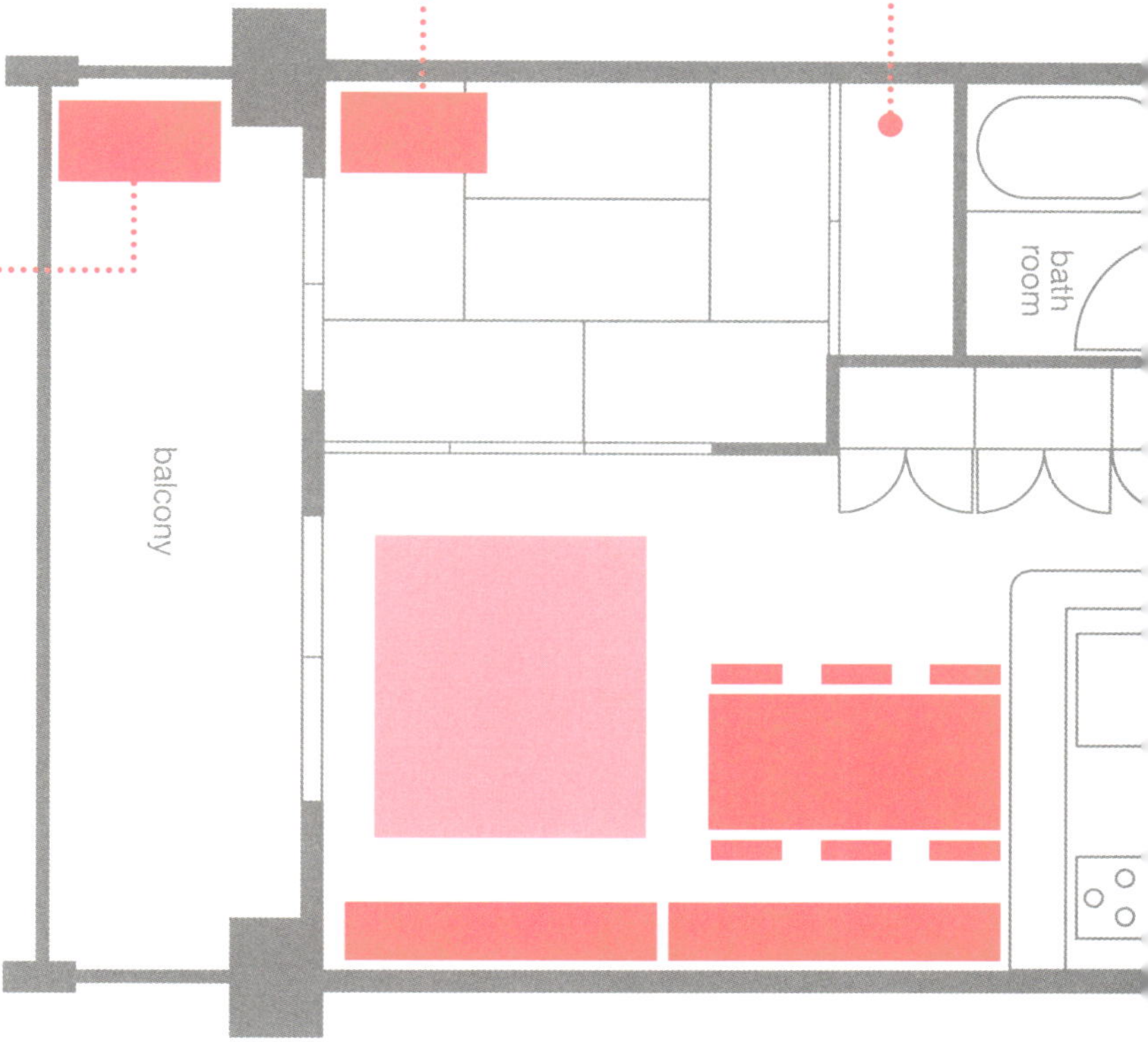

リビング・ダイニング

書斎で使っていたパソコンを買い換える頃。リビングに置く予定。

外に出す器か、内側にしまう器かによって、デザインは異なります

外側に出す器はイメージをまとめましょう

器に問われるのは、機能性とデザイン性です。ただ、そのバランスが、外に出ている家具の場合と、造り付けの棚の中にしまう箱の場合によって変わってきます。

例えば、クラシックな雰囲気にまとめたい場合、家具は猫足のチェストなど、装飾的な家具を使うことがあります。機能性はもちろんですが、デザイン性をかなり意識しないと、ゴールイメージとはなれたものになってしまいます。また、外側に出る器はほこりをかぶりやすいので、扉がある棚やふたがある箱などを使うとよいでしょう。

一方、そのチェストの内側にしまう箱は、曲線のものは向いていません。こちらはデザイン性より機能性を重視します。

内側にしまう器はスタッキングできるものを

内側にしまう箱などは、直線的で、スタッキング（積み重ねること）ができ、中身が見えるものがベストです。

なぜ内側にしまう箱に曲線のものが向いていないかというと、ムダな空間が生まれるからです。また、直線的であっても、角度のあるものはイラストのように無意味にスペースを作ってしまうので不向きです。

内側にしまう箱は部屋のイメージを損ねることがないので、100円均一で売っているようなものでも十分使えるものが見つかります。

気をつけたいのは統一感です。戸棚を空けたときに、同じ器を使っていれば整然としていて美しく見えますが、バラバラな箱を使うと統一感に欠け、美しさが半減します。高級な箱でもバラバラなら、安いものでも、同じ箱を使ったほうがいいでしょう。

内側にしまう器の選び方

横から見た図

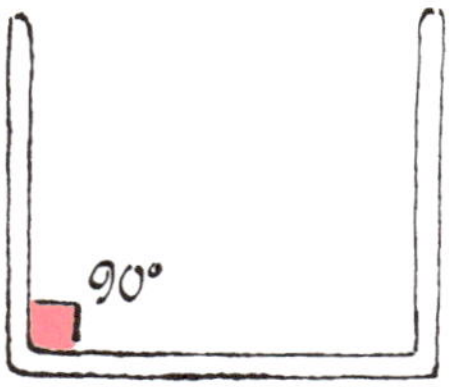

上から見た図

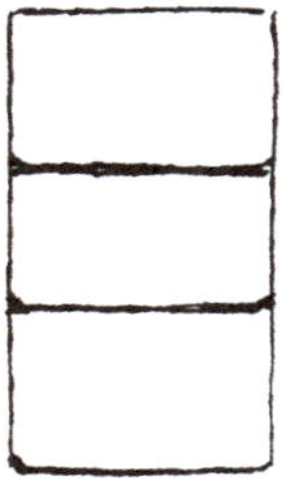

直線でできており、角が90度で、
スタッキングできるものを選んで。

NG

微妙に角度が付いているものや角が曲線のものは斜線部の
分だけ収納量が少なくなる

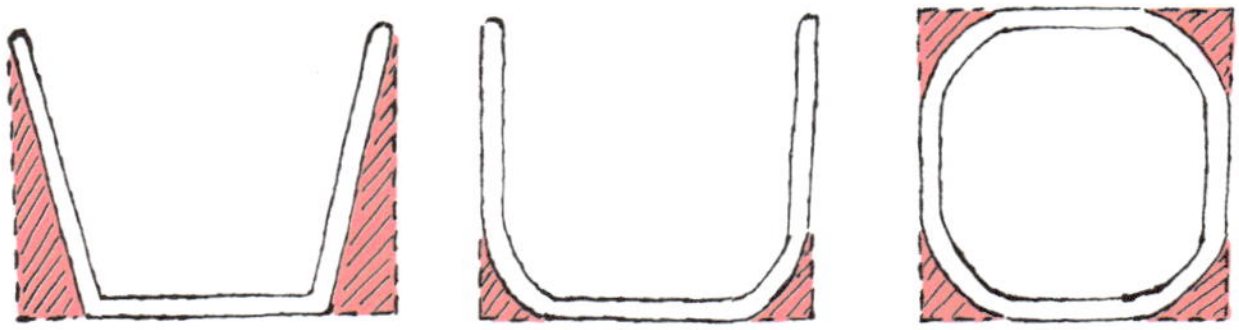

ちょっとした工夫で便利な器に変身します

小さな器もこだわって選びましょう

　内側にしまう器にもいろいろと種類があります。その中でも私のオススメの器が二つあります。それを紹介します。

①冷蔵庫の中には、奥行きいっぱいの透明のタッパーやトレーを使って……収納の基本は衛生と安全です。私は冷蔵庫の中の衛生と安全を保つために、ベーコンなどを入れるような、冷蔵庫の奥行きいっぱいある長めのタッパーを利用しています。

　冷蔵庫は奥行きが深いため、死角ができやすいといえます。そのため、食品があることに気づかずに「取り出してみたら賞味期限切れだった」、「腐っていた」ということはどなたでも経験があるのではないでしょうか。これでは、衛生面でも安全面でも問題があります。しかし、奥行きいっぱいの器を使うと、それを防ぐことができるのです。冷蔵庫の中を一目瞭然にするためにも、長いタッパーやトレーは便利です。

　なお、ジップロックで食品を収納する場合は、105ページにあるように中がよく見えて開け閉めが楽なものを選びましょう。

②洋服の素材によってハンガーを変える……私は基本的に洋服はハンガーにつるす主義です。そのほうが、たたんでしまうのに比べ、死角がないので死蔵品が出にくく、コーディネートもしやすいのと、洗濯をして取り込んだまましまえるので、たたむ手間がない、しわになりにくいなどの利点があるからです。

　ただし、ハンガー選びにも注意が必要です。生地が滑りにくいシリコンのハンガーは、服が落ちないので使用頻度の低いものをかけるのには向いていますが、するりと取れないため、使用頻度の高い服に用いるとストレスがたまります。

　そうかといって、薄手で軽い素材のものなどは、肩の部分が落ちてストレスになります。その場合、普通のハンガーに滑り止めをつけるだけでも、回避できるでしょう。

ハンガーの選び方

シリコン製の
ハンガー

衣類が滑り落ちにくい。するりと取れないことがストレスになる場合も

↓

夏場にコートをしまうときなど、使用頻度の低いものにも

滑り止めをつけた
普通のハンガー

衣類はわりとスムーズに取れるが、滑り止めをつけることで、衣類同士のこすれなどによるずり落ちは減る

↓

薄手の軽い素材のカットソーなどをかけるのに向いている

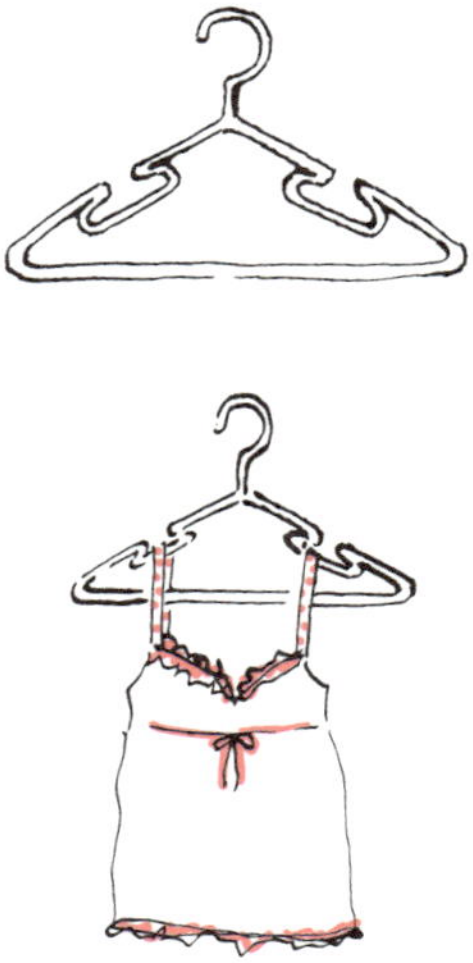

くぼみなどが
あるハンガー

ストラップのあるものをかけるくぼみや取っ手が付いている

↓

キャミソールや、ストラップつきのワンピースなどをかけるのに便利

カラー&イメージメソッドを使って理想のインテリアをコーディネート

イメージを統一すれば
美しいお部屋ができます

今までは主に、器の機能面に関してご説明してきました。確かに器は機能的であることは不可欠です。ただ、お部屋をゴールイメージに近づけ、美しくするためには、家具や小物などのインテリアのイメージを統一する必要もあります。

そのためには、まずは自分が作りたいイメージとはどういうものなのかを知ることが大切です。「モダンな印象にしたい」、「クラシックな雰囲気にしたい」、「ポップな感じにまとめたい」など、いろいろあると思います。言葉にできないならば、雑誌などの切り抜きでもかまいません。その写真などをよく見て分析してみましょう。

印象・イメージを作る基本は「⑰『色』、⑱『形』、⑳『材質』」の三つの視点が大切です。この三要素について、じっくり見てください。

例えば、形は複雑なのか、シンプルなのか、色は暖色なのか、寒色なのか、材質はぬくもりのあるものなのか、無機質なものなのか、などです。

それを、現在の家具と比べてみましょう。自分のゴールイメージと、現状ではどこが違うのでしょうか。そのギャップを知り、足りないものを足し、余分なものを除いて、自分の好みの空間に近づけてください。

ゴールイメージと現状を比べるための表が左ページにあります。対になる形容詞が並んでいますので、まずはあなたの持っている家具や小物などのインテリアに当てはまるものにチェックを入れてください。次に、ゴールイメージとして描いているインテリアに当てはまるものにチェックします。

この両者を比べると、現状と自分の好きなものはどこが異なるのかがわかります。たとえ異なる部分があってもその違いをうまく生かしながら、コーディネートすることもできます。詳しい方法は138ページでご紹介いたします。

色について

あなたの希望	実際のお部屋				あなたの希望	実際のお部屋
☐	☐	明るい	⟷	暗い	☐	☐
☐	☐	薄い	⟷	濃い	☐	☐
☐	☐	やわらかい	⟷	硬い	☐	☐
☐	☐	ウォーミィな	⟷	クールな	☐	☐
☐	☐	透明な	⟷	くもりのある	☐	☐
☐	☐	鮮やかな	⟷	くすんだ	☐	☐
☐	☐	黄みがかった	⟷	青みがかった	☐	☐
☐	☐	単色	⟷	多色	☐	☐

形について

あなたの希望	実際のお部屋				あなたの希望	実際のお部屋
☐	☐	曲線	⟷	直線	☐	☐
☐	☐	太い	⟷	細い	☐	☐
☐	☐	長い	⟷	短い	☐	☐
☐	☐	規則的な	⟷	ランダムな	☐	☐
☐	☐	装飾的な	⟷	シンプルな	☐	☐

材質について

あなたの希望	実際のお部屋				あなたの希望	実際のお部屋
☐	☐	やわらかい	⟷	かたい	☐	☐
☐	☐	伸びる	⟷	伸びない	☐	☐
☐	☐	なめらかな	⟷	凹凸の	☐	☐
☐	☐	暖かい	⟷	冷たい	☐	☐
☐	☐	目の詰まった	⟷	目の粗い	☐	☐
☐	☐	つやのある	⟷	マットな	☐	☐
☐	☐	厚い	⟷	薄い	☐	☐
☐	☐	自然な	⟷	人工的な	☐	☐

100%統一しすぎないほうが素敵に見えます

目指しているイメージと反対の要素を少しだけ加えるとグッとおしゃれに

外に出す器はイメージをそろえたほうがいいと132ページで触れましたが、100%統一する必要はありません。逆に、すべて同じ要素のものを使ってしまうと、昔風の、古臭い印象になってしまうのです。インテリアを素敵に見せるには、作りたいイメージと反対の要素を、2~3割加えるといいでしょう。

例えば、モダンでクールな感じのお部屋を作りたければ、2割だけあたたかい質感のものを持ってきます。それはリネンでも、家具の素材でもかまいません。

ちなみに、私の昔のサロンはクラシックなイメージでまとめていました。クラシックなものは曲線のものが多いのですが、造り付け家具はすべて直線でした。また、ガラスや光沢感のあるリネンを使うなどしてモダンな要素を取り入れていました。

メインとなる家具を選ぶのもコーディネートの一つの方法

どんな雰囲気にしたいかではなく、「この家具を置きたい」というところからコーディネートを考える方法もあります。

例えば、黒の革のソファーを置きたいとします。印象として、黒のソファーは、「ハード」か「やわらかい」かで言ったら「ハード」ですね。色は、「濃い」か「薄い」かで言ったら「濃い」になります。「ハード」で「濃い」というと、それだけでかなり重厚感があります。

では、重厚感のある部屋になってしまうかというと、そうでもありません。もちろん重厚感のある部屋にもできますが、色と形と質感で分析していって、逆のイメージのものをそろえていけば、明るくて軽い感じの部屋にだってなるのです。その場合、ソファーは反対要素なので、アクセントとして効果があります。

家具からコーディネートを考える場合

置きたい家具

黒の皮のソファー

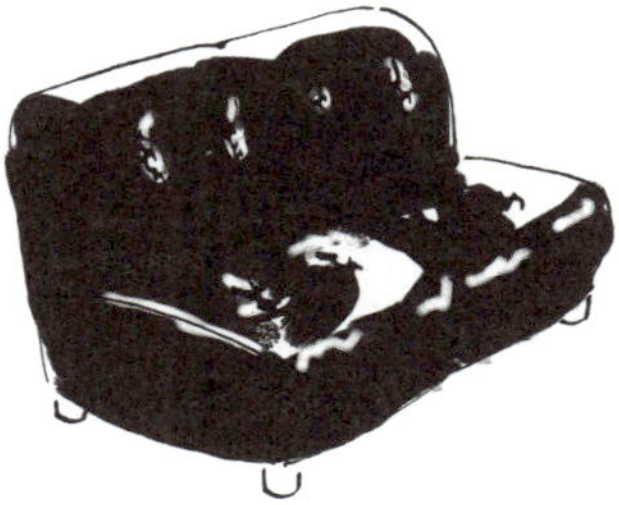

ソファーの重厚感に合わせ、濃い色のものや、直線的で硬いイメージのものなどを多めに配置。ソファーと逆の要素のものを2〜3割取り入れる。

ソファーと逆の明るい色使いや、曲線のやわらかいイメージのものを全体的に配置。上とは逆に、ソフトなイメージとなり、ソファーがポイント的に「ハード」な要素となる。

家具選びはもっとプロの力を利用すべきです

最近のショップには、たいていインテリアコーディネーターがいます

ご自分で家具を選んで、統一感を持たせることができれば問題ないのですが、なかには自信のない方もいらっしゃるでしょう。そのときは、プロの力を利用すべきです。

といっても、私のような収納プランナーやインテリアコーディネーターにお金を払ってお願いしましょう、ということではありません。

今は専門店や高級店だけでなく、リーズナブルなショップでも、家具を扱っている店には、たいていインテリアコーディネーターがいます。わからないことは遠慮しないで専門家に聞きましょう。

器選びはもっともプロの力がいるところ。一般の方には難しいこともあります。家具は決して安い買い物ではありませんから、費用対効果を出したいのであれば、プロの力をどんどん使いましょう。

家具を買うときは家の写真を持っていきましょう

ショップでプロに相談するときには、家のインテリアの写真と、どういうイメージにしたいか、予算はいくらくらいなのかなどをまとめたメモを持っていくといいでしょう。

写真は、床や壁、建具、絶対に残したいもの（家具、照明、小物など）の色と質感と形がわかるようにしてください。デジタルカメラやスマホの写真なら、わざわざプリントアウトしなくても、その場で画像を見せれば大丈夫です。相手はプロですから、それでだいたい把握できるでしょう。

カーテンなどを作るときも同様です。全体のバランスを見て、色や素材を提案してくれるので、積極的に相談してみてください。

ただし、その前提として、まずは分類をして自分の持ち物を把握しておくことを忘れずに。

プロに相談するときは

床、壁、建具のほか、絶対残したい家具や小物などの写真を持っていくこと。色と質感、形がわかるように撮影して。

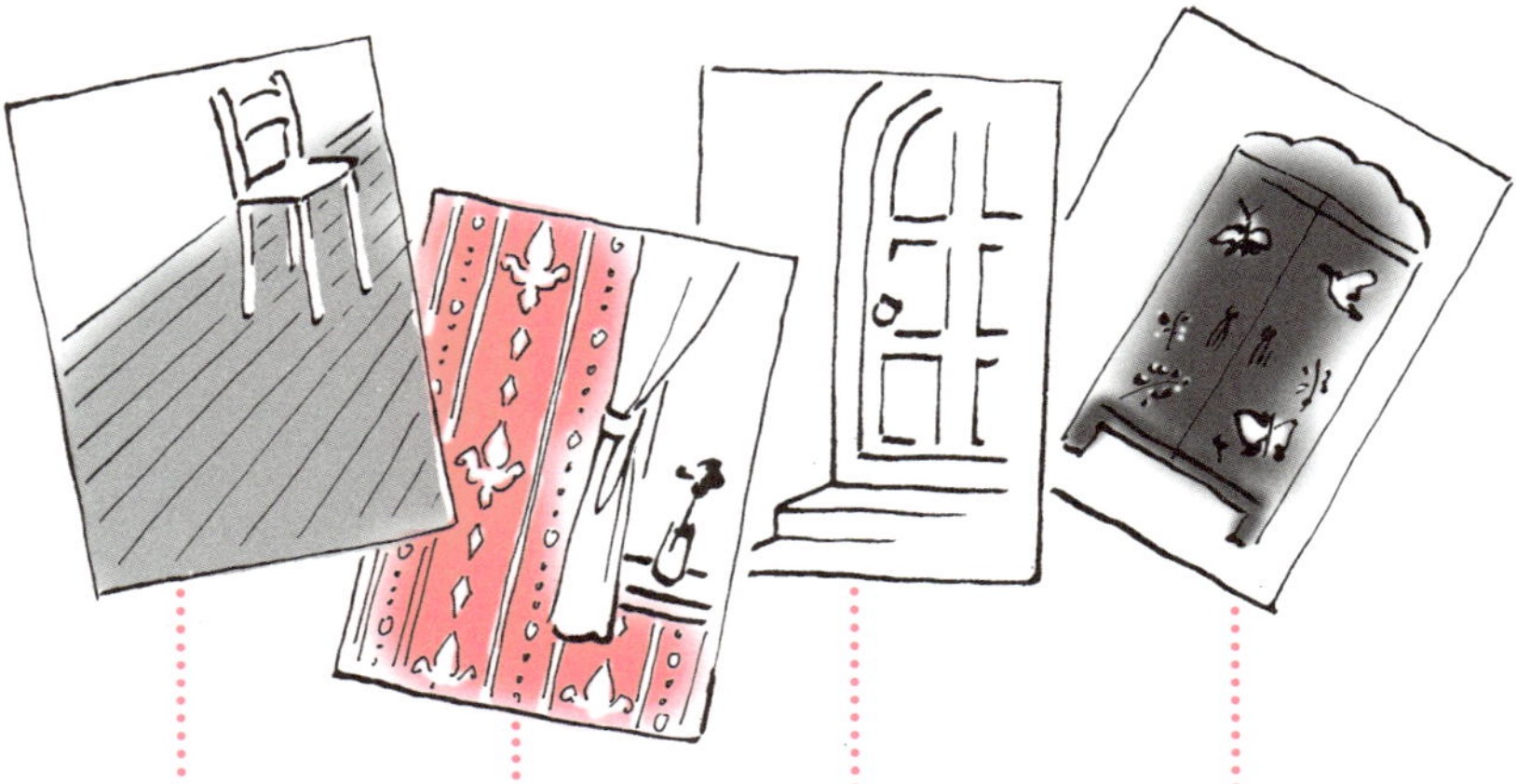

通信販売を利用するときはシリーズで買うと失敗が少なくなります

シリーズで購入すればどの部屋でも使いこなせます

インテリアショップで器を購入する場合は、相談できるプロフェッショナルがいます。でも、近くにお店がない、買いに行く時間がないなどの理由で、通信販売を利用したいと考えている方もなかにはいらっしゃるでしょう。その場合、ご自分の判断だけが頼りになります。

ご自分で器を選ぶコツは、今までご紹介した通りです。

それでも不安な場合は、シリーズでそろえるというのも一つの手段です。

シリーズで買っておけば、お子様の成長やライフスタイルの変化に合わせて、家具をほかの部屋に移動しても、イメージに統一感がなくなるというリスクは少なくなります。フレキシブルに対応できる器という点で、優秀といえます。

ゴールイメージによっては通信販売では実現できないことも

通信販売は、安くていいものがそろっており、使い方によっては非常に有意義なものですが、残念ながら、すべての方のゴールイメージを満たすことはできないというのが現実です。

例えば、本格的にクラシックなお部屋にしたいというゴールイメージがある方は、家具もアンティークの一点物でそろえたいという場合があります。そういったこだわりをお持ちの場合、通信販売では対応しきれません。

逆に、例えば「シンプルでシステマチックな部屋」がゴールイメージの方には、通信販売は有効といえるでしょう。

ショップで買うにしても、通信販売を利用するにしても、結局重要になってくるのは、ゴールイメージに合った家具かどうかということです。

通信販売を利用するときは

シンプルでシステマチックなインテリアは、通信販売の家具が得意とするところ。ただし、アンティークの一点物を集めたような部屋がゴールイメージの場合は、通信販売では難しい。

COLUMN
04

家具を1つ1つ買い足していく楽しみを味わいましょう

家具選びにはいろいろなことを考えなければなりませんが、大切なのは妥協しないこと。あなたのゴールイメージに近づくデザインと機能性を兼ね備えている必要があります。

とはいっても、なかなかそういった家具には出会えないこともあります。でも、あせらないでください。「あなたの本物」は必ずどこかにあります。

家具でも雑貨でも、少しずつお気に入りをそろえていく過程は、いっぺんにそろってしまうより、とても楽しいものです。

STEP1「分類する」で、私の持っているペンのお話をしましたが、実は、まだシャープペンシルは、「自分自身の本物」に出会えていません。もちろん、今の時点でベストのものを使っていますが、お買い物やデートのとき、お客様の雑貨をネットで探すときなど、思い出したときに探し続けています。ものも出会いです。流れがあるのです。家具も同様です。「これから本物に出会える」というドキドキ感を楽しみに、そのときを待つのです。

女性ですから、みなさまお買い物をすることの楽しさはご存知のことでしょう。それが、ご自分が一生大切にできるようなものと出会えるかもしれないと考えたら、もっと楽しくなるのではないでしょうか。

STEP 05

収める

STEP 05

収める

4つのステップがしっかりできていれば、収めるのは簡単です

世の中で一般的に「収納」と呼ばれているのは、このSTEP5の「収める」ということです。「収める」ことに関する書籍はたくさん出版されています。しかし、講座や講演で「収める」ということをお話しするのには、ほとんど時間がかかりません。なぜなら、STEPの1～4をきちんと行うと、否が応でもできてしまうとてもシンプルで簡単なところだからです。

「収める」ステップの目的は片付けた場所の美しさを維持したいと思わせるためのもの、そして、出し入れを楽にして使い勝手をよくすることです。

例えば、メイク道具を例に考えてみましょう。私はメイクをするときには、最初にファンデーションでベースを作り、眉を書き、アイシャドウを入れ、口紅を塗り、チークを入れる……という順序で行います。そのため、筆入れは、右から使う順番に並べています。筆という「分類」で、余分なものがないか「厳選」し、動線どおりの「仮置き」の場所を与え、その本数に合った筆入れという「器」を決めた後は、もうそれに沿って「収める」だけですよね。

もし、この「収める」という段階で、何か問題が生じるようであ

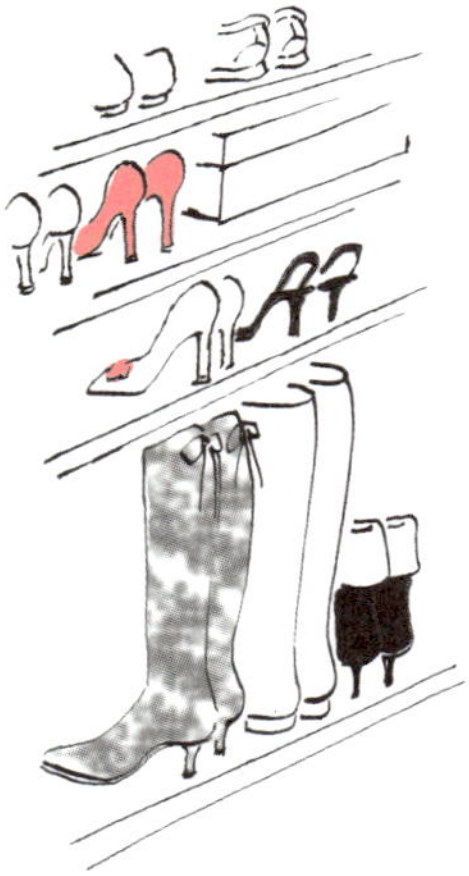

れば、STEPの1～4のどこかがうまく行っていなかったと考えていいでしょう。これまでの手順を、もう一度見直してみてください。

ここまで読んでくださった方にはもうご理解いただけたかと思いますが、美的収納は、もののしまい方をお伝えするものではありません。自分を見つめ、自分らしさを発見していただいて、ご自宅を自分らしく愛しい場所にしていただくためのお手伝いをするための収納術なのです。

最後に、私がお客様のご自宅で作業をしていて、「美的収納が完成した」と思うときの5つの要素をお伝えします。

①明確である
②ムダがない
③つながりがある
④統一感がある
⑤規則性がある

この5つの要素がそろっているか最終チェックをしてください。

規則性を持たせましょう

規則性を持たせると、自然と使い勝手がよくなります

1～4までのSTEPをきちんとこなしてくると、「収める」という作業はとても簡単です。

気をつけるべきことがあるとしたら、「何がどこにあるか一目瞭然であるようにしまう」です。例えば、上下や前後に重なりがないようにするなどです。そうすれば取り出しやすく、しまいやすい環境になります。

また、「規則性」や「統一感」を持たせることも大切です。つまり、「そろえる」ということです。

ものをそろえて収めると、見た目に美しいだけでなく、余分なスペースを使いませんし、使い勝手もよくなります。

例えば、靴下は4つ折にして、色別に並べて入れるなどすると、くしゃくしゃと丸めてポンッとしまうのに比べ、見つけやすいうえ、見た目にもきれいです。

そろえるポイントは5つあります

そろえ方はいろいろあります。とりわけこの5つは頭に入れておいてください。

①順序……文学全集などは、1巻から順に並べていきますね。そのほうが、探しやすくなります。

②色……私は以前いろいろなジャンルのCDをたくさん持っていましたが、一番正面に来るものはモノクロで統一していました。モノクロのジャケットはどんなジャンルにも必ず一枚はあるし、色がインテリアの邪魔にならなかったからです。あるいは、お部屋のアクセントカラーに合わせてもいいでしょう。

③大きさ……大きさをそろえて入れるとムダな空間が省けます。

④たたみ方……靴下やタオルが代表的な例です。詳しくは150ページで紹介いたします。

⑤方向……CDを全部正面に向ける、ペンは持つほうを上にする、靴を後ろ向きにしまう、などです。

収めるときのポイント

1. 順序

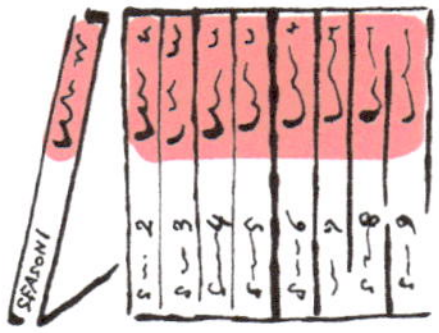

文学全集やマンガなどの書籍や、ドラマのDVDなどは巻数順に並べたほうがわかりやすい。

2. 色

CDのジャケットで正面に来るものはモノトーンでそろえたり、靴下を色別にしまったりすると美しい。

3. 大きさ

書籍などは、大きさ別にしまうと、自然と、写真集、文庫など、ジャンルも分けられる。

4. たたみ方

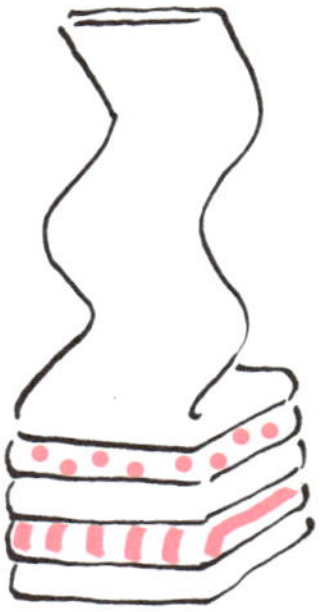

タオルをたたむときは耳が見えないようにするなど工夫するときれいに見える。

5. 方向

上下、左右がごちゃごちゃになっていると、統一感がないため、美しくない。

美しく見えるしまい方をお教えします

美しくしまうと、家族も自然に美を保とうとします

私が以前収納に携わったお宅のご主人は、ホテルが好きでよく宿泊していたそうですが、家がきれいになってからというもの、「家が一番だ」と宿泊しなくなったそうです。

それどころか、今までは家事の手伝いもしたことがなかったのに、奥様が忙しいときに、タオルをガサッと仮置きしておくと、きちんとタオルをたたんで戻しておいてくれるようになったそうです。

あるご家族のお子様も、絵本をしまうとき、大きさに分けて、さらにその中で色に分けてしまっていると、いつもどこに戻したらいいのかわかるようになり、自分で片付ける習慣がついたといいます。

美しさは快感なのでしょう。家族みんなが、自然に美しさを維持しようとするのです。すると、ますます家が美しくなっていきます。

小さいことでも統一するときれいに見えます

148ページで、そろえるポイントは順序、色、大きさ、たたみ方、方向、とご説明しましたが、それをより具体的に見ていきます。

靴下は4つ折にして、色別に小さな区切りに入れるようにするといいでしょう。「靴下を折りたたんで色順に並べるなんて無理！」と言う方もいらっしゃいますが、STEP5だけ見るとそう見えるのです。1～4までのSTEPをこなしてくると、自然にできるようになります。

タオルのたたみ方にも、きれいに見えるコツがあります。手順は152ページをご覧ください。ひと言で説明すると、タオルの耳が外に出ないようにすることです。

一流ホテルのタオルのたたみ方を見てみると、みなこのたたみ方でした。

美しく見えるたたみ方、しまい方

靴下のたたみ方

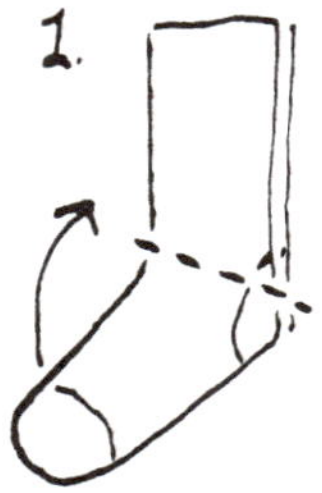

かかとのところで
真ん中に折る。

1をさらに2つ折りする。

仕切り枠を使い、色別に並べる。

タオルのたたみ方

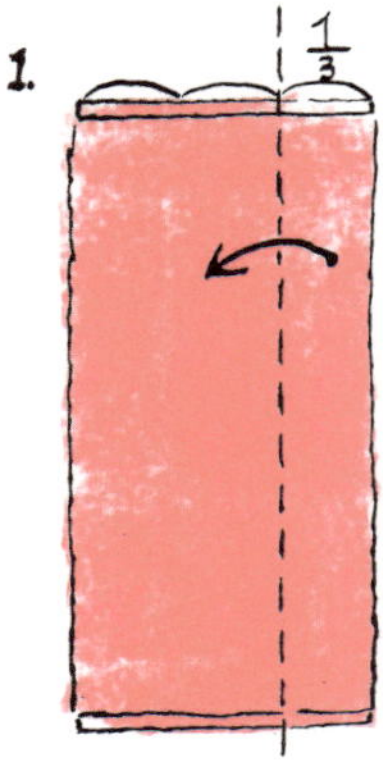

長いほうを縦に置き、
右側を 1/3 を内側に折る。

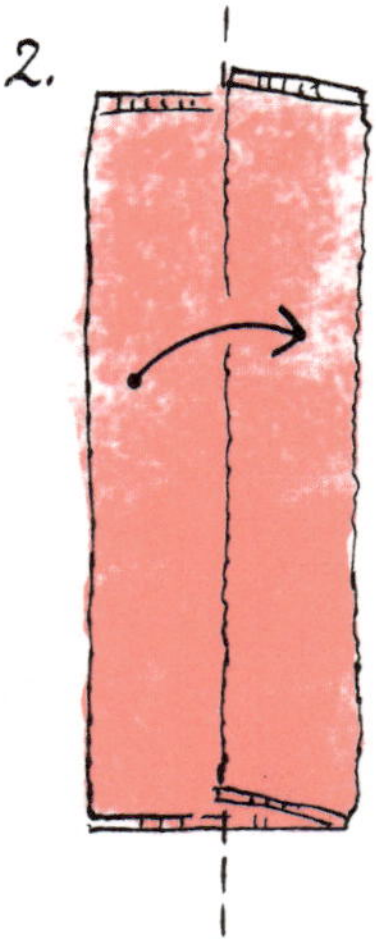

左側の 1/3 を内側に折る。
このとき、耳が出ないように、スペースを少し残す。

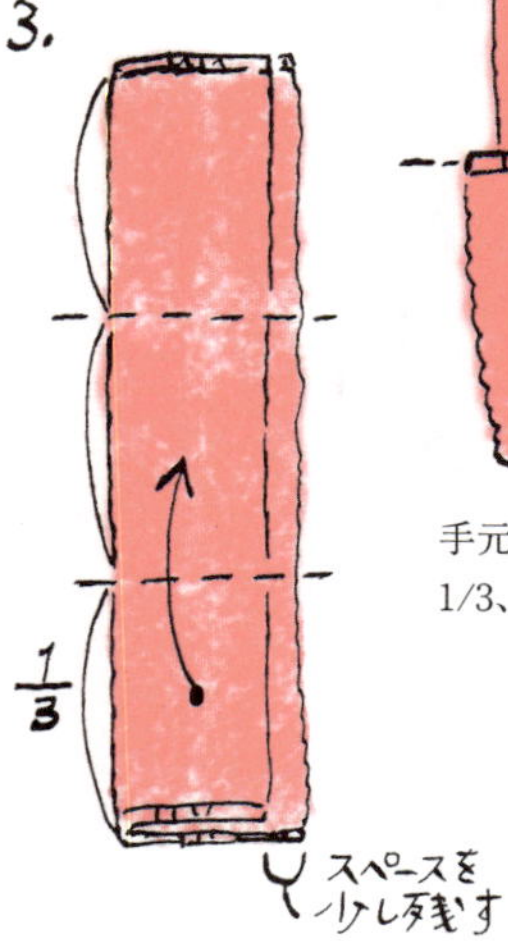

手元に近い側を 1/3、上に折る。

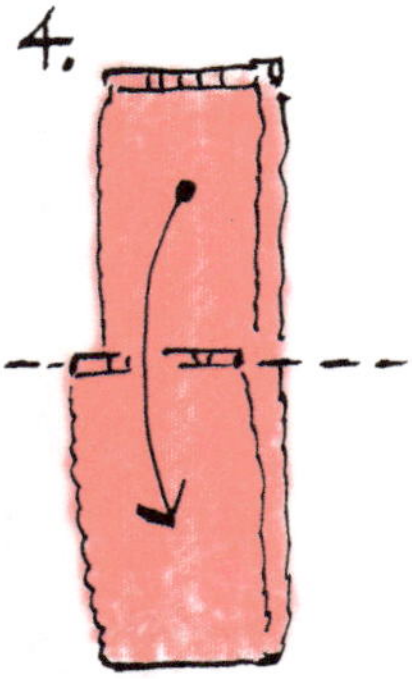

手元から遠い側を
1/3、下に折る。

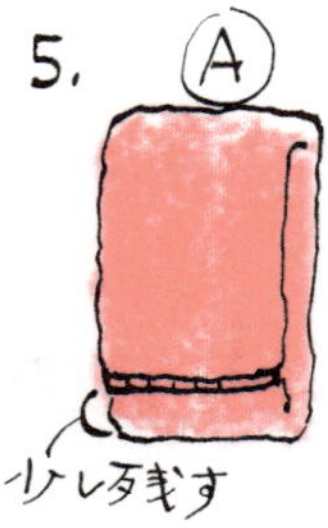

1 と同様、耳が出ないようにスペースを少し残す。

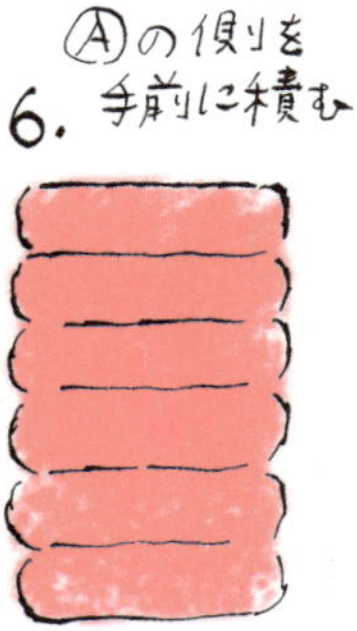

裏に返し、輪になっているほう(A)を手前にして収める。

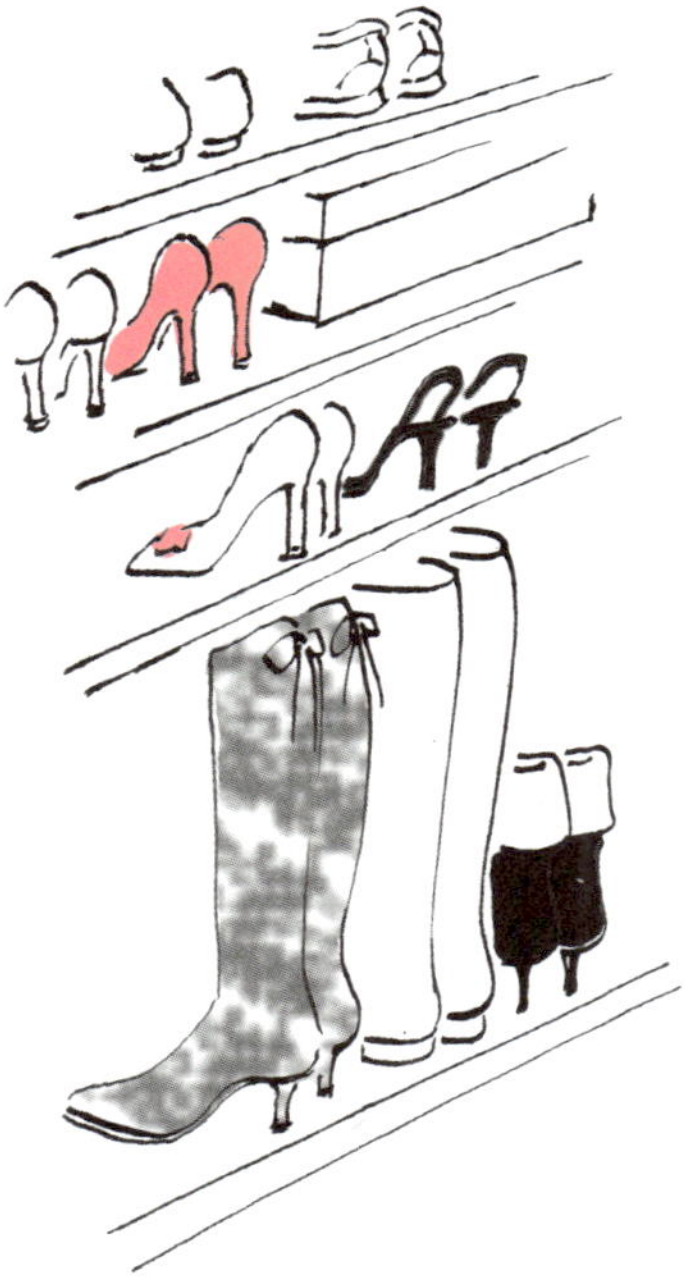

靴は後ろ向きにしまう

つま先の汚れや傷はふとしたときに気づけるものだが、かかとの減りや傷はなかなか気づけない。靴箱にしまうときに後ろ向きにしまえば、靴の傷やかかとの消耗を見逃さずに済む。

奥行きのある場所に本をしまうときはケースを使って

奥行きのある本棚などに２列に並べている人がいるが、これは本を探すときは１冊１冊出さなければならず、手間がかかる。ワンアクションで取り出せるよう、ケースに入れて、２列にしまうのもひとつ。なお、ケースに入れる際は、ジャンルごとに分け、ケースにはラベルを貼っておくとわかりやすい。

お客様も入る公共のスペースはより気を配って

生活感が出ないように徹底して

我が家のトイレには、本が3冊置いてあります。1ページ読みきりのもので、トイレで読むとちょっとほっとする内容のものです。ただし、トイレに置く本は、厳選に厳選を重ねたものです。普通の単行本や雑誌を置くと、どうしても生活感が出てしまうからです。トイレに置いてある本は、背表紙に文字がなく、同じ出版社のものです。

こういった本はなかなか見つからないので、トイレに本を置く場合は、洋書などもオススメです。ここまでくると、しまうというより、インテリアとして飾るという意識のほうが強くなるかもしれません。

またトイレには美しい鏡を一枚付けていただきました。なぜなら、トイレはお客様も入る公共のスペースです。お客様が利用した際に、お化粧や髪の乱れを直せるようにと思ったのです。パブリックスペースはお客様の立場に立って、プライベートスペースよりもさらに気を配りましょう。

美意識が上がると自然に細かいところに目が行くようになります

この例を読まれて、「ここまでこだわるのは私には無理」と思われた方はいませんか？　ご心配なく、大丈夫です。散らかりの根本的な原因を取り除き、家を一度きちんと片付けた方は、誰もが自然とできるようになっていらっしゃいます。

なぜなら、美しい環境は審美眼を養い、暮らしを美しく向上させようとする意識を生むからです。今まで気にならなかった小さなストレスにも目が行くようになりますが、ここまで来ればストレスを解決する術をマスターしているので、前より解決も簡単にできます。住まいの美しさが加速するとともに、あなたの美意識もどんどん磨かれていくのです。

パブリックスペースほど気を配って

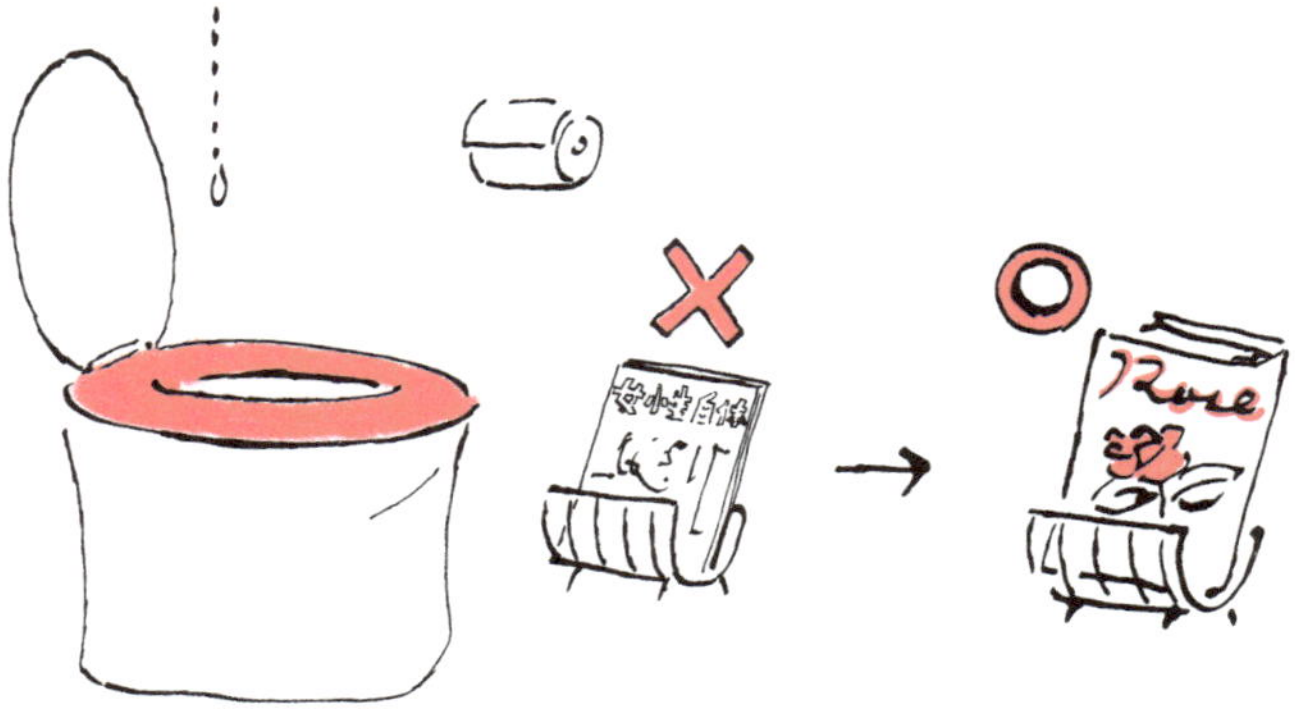

トイレ

雑誌などを置くと生活感が出てしまう。
置くのであれば洋書などがベター

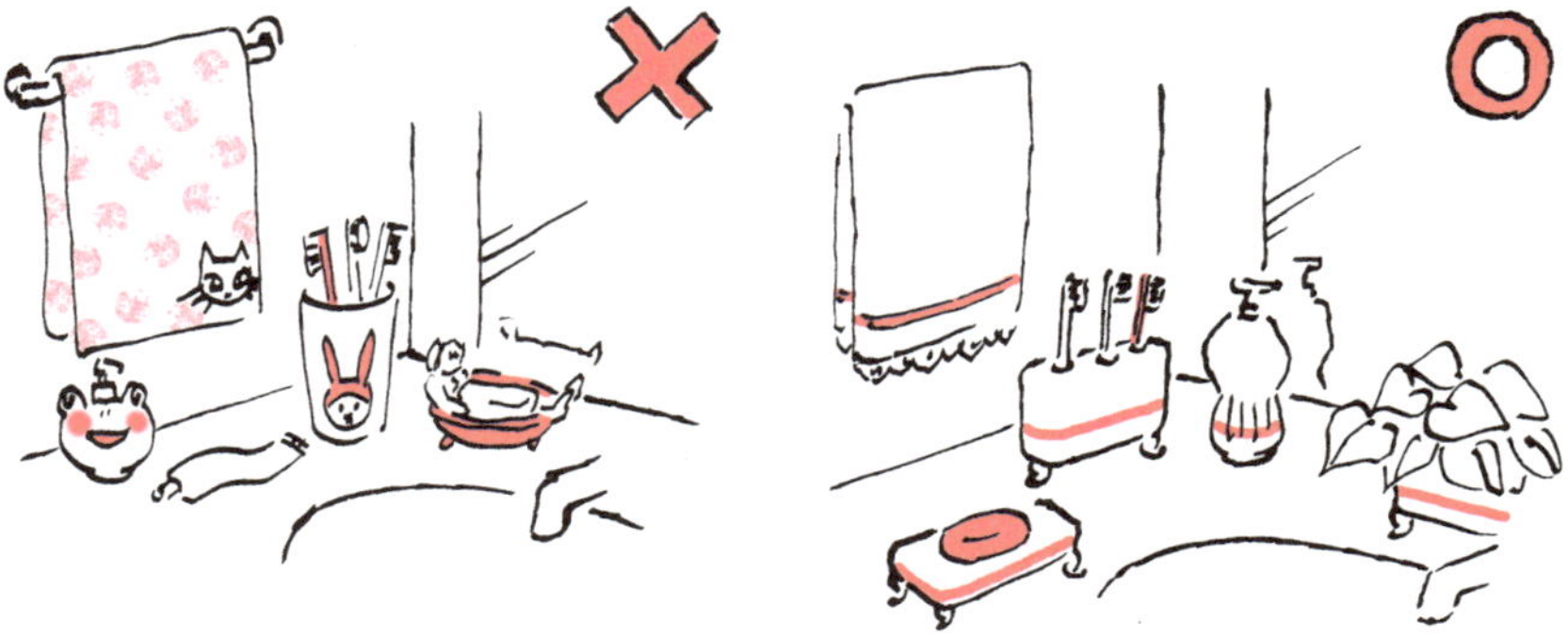

洗面所

色やキャラクターなどがバラバラだと統一感がない。キャラクターものを置くなら1点に。

使い勝手を考え分類しなおす場合も

STEP1は自分の持ち物を分析する分類。STEP5は使い勝手を考えた分類

STEP1での分類を、STEP5であえて崩す場合もあります。それは使い勝手をよくするためです。

例えば、衣類の場合、最初はアイテム別に分けて、キャミソールが何枚あるのか、スカートが何枚あるのか、どんなアイテムが多いか、兼用できるアイテムはないか、わかるようにします。要するに、処分するのにわかりやすいように、自分の持ち物を分析するための分類を行います。

私も最初はアイテム別や色別に分けていましたけれど、最近はコーディネートごとに分けています。

これは私の持論なのですが、服というのは夫婦のようなものだと思っています。その服が一番美しい状態にあるのは一対一。ですから、コーディネート別のほうが使い勝手がいいのです。

クローゼットを開けたときの美しさは、アイテムや色別で並べていたときのほうがきれいだったけれども、美しさよりも機能性を選んだというわけです。

つまり、STEP1の分類は、自分の持ち物を分析する分類であり、STEP5の分類は、使い勝手をよくするための分類です。このように、使い勝手に応じて分類を一部変える手法はあります。ベースができたらご自分に合ったスタイルを極めてみましょう。

クローゼットの近くに一時作業スペースがあると崩れにくい

私は、クローゼットのしきりのところに、引き出せるボードを取り付けていました。洗濯物を持ってきたときや、着ていたカーディガンをたたむときなどに便利な「一時作業」のスペースです。このワンクッションがあると、クローゼットの中は散らかりにくく、美しいまま維持できるのです。ジャケットなどをかけておけるフックも一時作業置きです。

一時作業スペースをつくって

壁にフックをつける

ジャケットなどを脱いですぐは、汗が乾いていなかったりして、そのままクローゼットにしまうのは抵抗があるもの。そんなとき、一時的にかけて置けるフックがあれば、少し時間を置いてしまうことができる。

クローゼットにボードを取り付ける

クローゼットから引き出せるボードをつけておくと、カーディガンやニットなどをたたんでしまえる。ソファーの上に投げ出したりせずにしまえるので、散らかりを防止できる。

おわりに

「美的収納」は、皆様の生活を楽にし、人生を楽しむために生まれました。最初はすぐに行動に移せなくてもかまいません。イメージトレーニングだと思ってもいいでしょう。なかには、分類まで進めた方もいるかもしれません。そこまで進めた方が正しく、できなかった方がダメだ、間違っているということはありません。いずれの場合でも生活にずいぶん変化が訪れるはずだからです。持っているモノの量や、自分にとっての本物は、人によって異なります。この本の中に挙げたものは一例であり、オーダーメイドであなた自身の基準を作り上げていってください。また、実際に美的収納術にトライされ、思うように行かなかった方も安心してください。自宅を全部終える頃には、美意識が相当高まっているので、最初に手をつけた部分も、自然と気になり、よりスムーズに片付けられるようになります。

思い返せば、私が収納に興味を持った原点は、私がおなかに宿ったときから母が書いてくれた日記にあります。ただ文章が書いてあるのではなく、生まれたときに私の足首につけられていた名札や、両親が名前を考えるときの走り書きなどが貼ってあり、誰が見ても絵本のように楽しめるものなのです。それらが箱の中に雑然としまわれていれば、誰にも見られないままほこりをかぶってしまいがちですが、日記という形で「収納」することで、私にとっての宝物になるような意味のある形へと変化しました。

私の美的収納は、母が心を込めて作ってくれたこのアルバムのような暮らしをゴールとしています。ただシンプルで、システマティックに空間を作るのではなく、家に残すと決めたものは、たとえ走り書きのメモ1枚でも愛情をかけていく暮らしです。それと同時に、私は常々、大切に考えていることがあります。それは、「女性と住まいを美しくする」ということ。女性を美しくするのと、住まいを美しくするのは切り離せないことです。例えば、住まいが美しく、楽であれば、何かを探したり、片付けたりという時間が短縮できます。その分の時間を、何か別のことに使ってほしいのです。

大切な人と過ごす時間。

美しさを磨く時間。

自分と向き合う時間。

日本の四季を楽しむ時間。

そんなゆとりの時間が女性を美しくします。そのゆとりの時間を生み出すために、美的収納術はあるのです。美的収納で、家事に育児に忙しい世の中のママや、仕事に追われる方々が、楽に、そして美しくなってほしい。それが私の願いです。

草間雅子（くさままさこ）

ゆとりのある時間と心豊かな暮らしを生み出す「美的収納」で定評のある収納の専門家。

一部上場企業にて広報、秘書を務め、結婚退職後、主婦やOLの経験を活かして新しい収納学を考案。リバウンドの少ない独自の分類収納法、美的収納®を確立する。その収納法を「なりたい自分になり、送りたい人生を送るためのレッスン」として提唱。単なる収納術ではなく、自分らしく生きることをテーマにしたメソッドは、女性を中心に多くの支持を得る。住宅の新築、リフォーム、引っ越しにまつわる収納プランニング、店舗や企業の収納コンサルティング実績も多数。

著書は『朝からもっと美人になれる夜10分の段取り』（主婦の友社）、『美的収納プログラム』（ベストセラーズ）。本書は2008年にランダムハウス講談社より出版された『草間雅子の美的収納メソッド～あなたの部屋が「世界で一番愛しい場所」になる！～』を加筆・修正したものです。

草《くさ》間《ま》雅《まさ》子《こ》の美《び》的《てき》収《しゅう》納《のう》メソッド
住《す》まいも女性《じょせい》も美《うつく》しく変化《へんか》させる!

2015年11月25日　初版発行

著者　草《くさ》間《ま》雅《まさ》子《こ》
発行者　磐崎文彰
発行所　株式会社かざひの文庫
〒110-0002　東京都台東区上野桜木2-16-21
電話／FAX 03(6322)3231
e-mail:company@kazahinobunko.com
http://www.kazahinobunko.com
発売元　太陽出版
〒113-0033　東京都文京区本郷4-1-14
電話 03(3814)0471　FAX 03(3814)2366
e-mail:info@taiyoshuppan.net
http://www.taiyoshuppan.net

印刷　シナノパブリッシングプレス
製本　井上製本所

ISBN978-4-88469-856-0